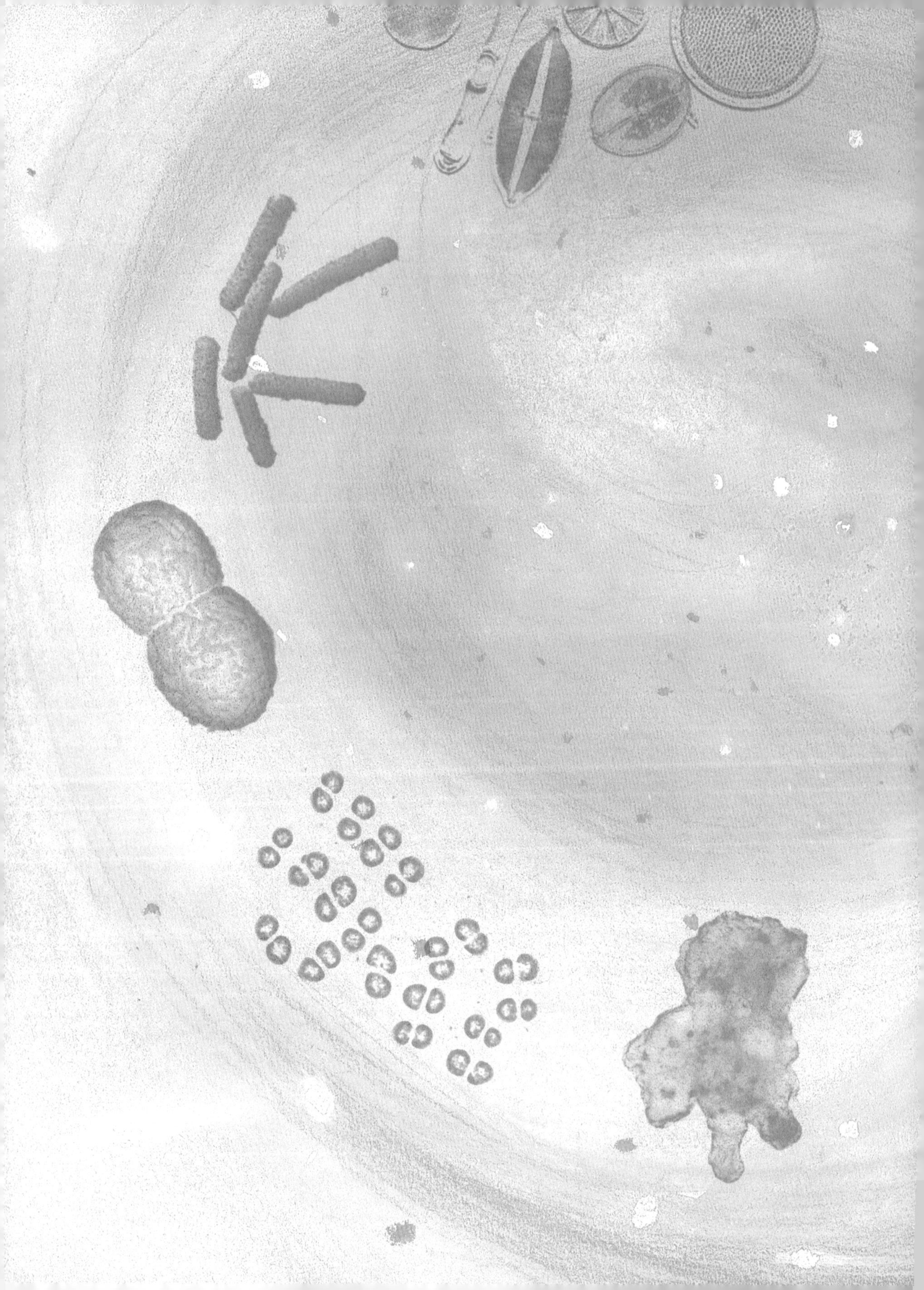

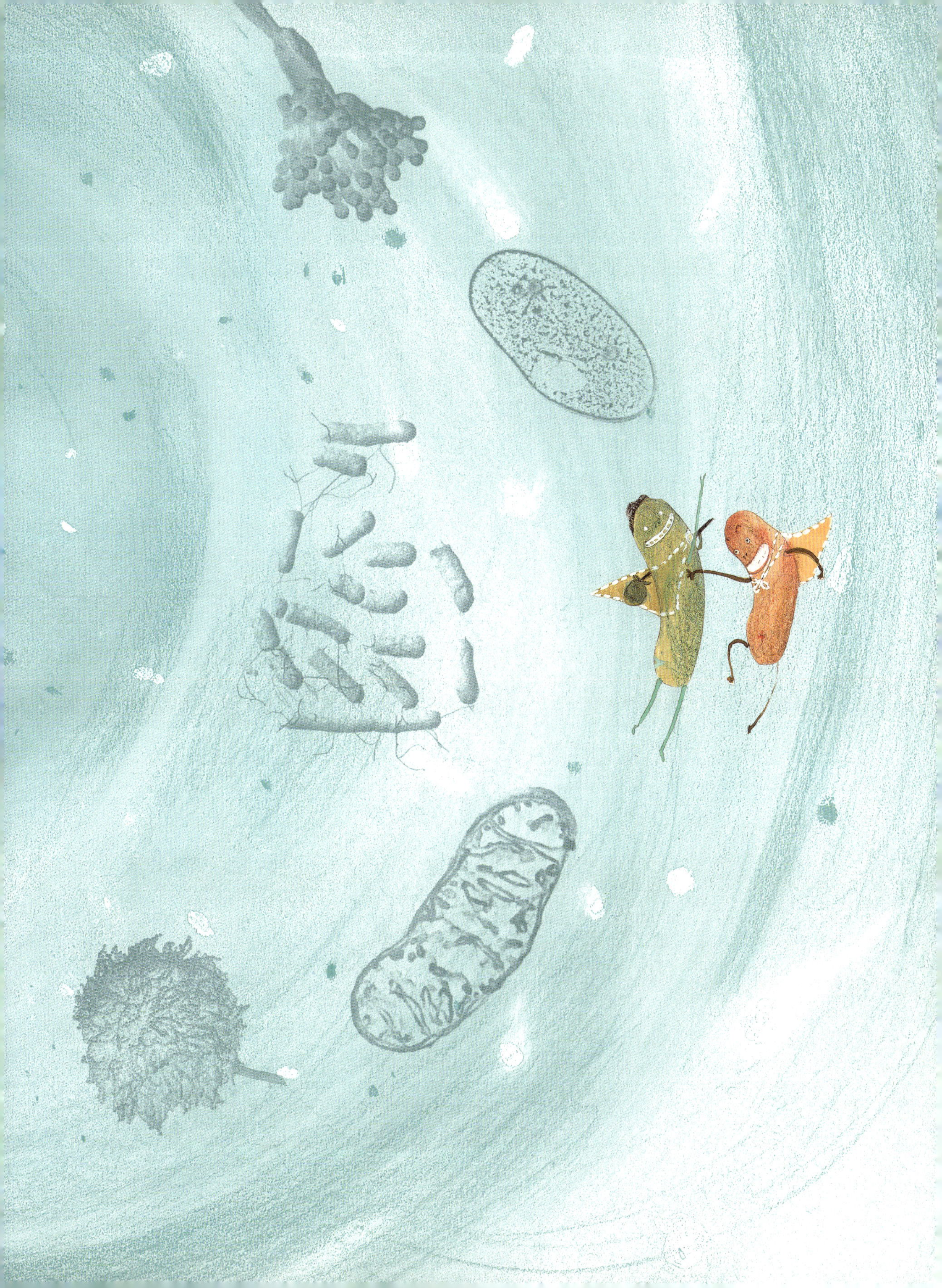

미생물은 힘이 세다

미생물은 힘이 세다

초판 1쇄 2010년 6월 7일 | **초판 10쇄** 2021년 8월 10일

글 천종식·한정아 | **그림** 연못

편집 윤정현·조연진 | **마케팅** 강백산·강지연 | **디자인** 윤현이

펴낸이 이재일

펴낸곳 토토북 04034 서울시 마포구 양화로11길 18, 3층(서교동, 원오빌딩)

전화 02-332-6255 | **팩스** 02-332-6286

홈페이지 www.totobook.com | **전자우편** totobooks@hanmail.net

출판등록 2002년 5월 30일 제10-2394호

ISBN 978-89-6496-001-1 74400

978-89-90611-54-3 74400(세트)

서울대 천종식 교수님과 함께하는 미생물 탐험

미생물은 힘이 세다

천종식 · 한정아 글 | 연못 그림

토토북
www.totobook.com

미생물 사냥꾼을 만나다!

여기는 미생물 사냥꾼이라 불리는 천종식 교수님의 연구실 앞입니다. 많은 사람이 연구실 주변을 바쁘게 오가고 있습니다. 조용해야 할 연구실에 무슨 일일까요. 왜 그런지 알아보겠습니다.

한정아 안녕하세요? 저는 어린이들에게 미생물 이야기를 재미있는 동화로 들려주려고 천종식 교수님께 도움을 청하러 온 한정아입니다. 연구실 주변이 왜 이렇게 복잡한가요?

천종식 아, 한정아 작가님이세요? 안녕하세요? 제가 오늘 만나기로 한 미생물 박사 천종식입니다. 만나서 반갑습니다. 내일 미생물 사냥을 떠나는데, 그 준비를 하느라 연구실 주변이 소란스럽습니다. 이해해 주세요, 하하.

한정아 안녕하세요? 천종식 교수님. 저도 만나서 반갑습니다. 막상 어린이를 위한 미생물 이야기를 동화로 쓰려니, 미생물에 대해 모르는 것이 많고 또 교수님이 왜 미생물 사냥꾼으로 불리는지 궁금해서 찾아왔어요. 미생물 사냥꾼이라고 해서 수염이 덥수룩하고, 사냥에 필요한 도구를 갖고 다니시는 모습을 상상했는데, 사냥꾼 치고 말끔하신 모습이라 조금 놀랐어요. 호호호.

천종식 사냥꾼이란 말을 들으면 누구나 그런 상상을 하죠. 하지만 미생물 사냥꾼은 조금 다르답니다. 미생물을 연구하기 위해 높은 산, 깊은 바다, 추운 남극도 피하지 않고 돌아다니다보니 사냥꾼이라는 별명이 붙은 거지, 진짜 사냥꾼은 아니거든요.

한정아 어머나, 미생물은 보통 어둡고 습기가 많거나 더러운 곳에서만 사는 생물인 줄 알았는데, 그 추운 남극에도 살고 있다니, 굉장하네요!

천종식 예, 미생물은 우리는 상상도 못할 장소에 사는 것은 물론이고, 지구에 엄청난 수

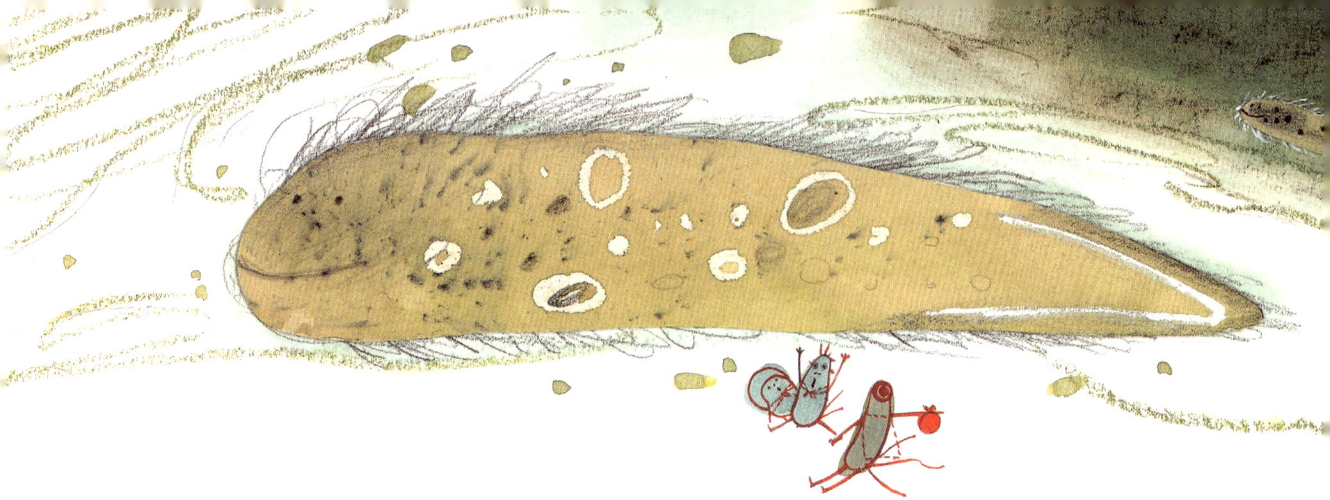

가 살고 있답니다. 산에 있는 흙 한 숟가락 정도에 1억 5천만 마리의 미생물이 살고 있다면 믿어지시나요?

한정아 세상에! 그런데 어느 곳에나 살고 있는 미생물을 왜 굳이 남극처럼 험한 곳까지 찾아가서 연구하세요?

천종식 미생물에 대해 아는 것이 많을수록 인간이 얻을 수 있는 것도 많아지기 때문이죠. 미생물을 음식으로 먹을 수 있고, 미생물을 이용해 오염된 환경을 깨끗하게 되살릴 수도 있고, 새로운 치료약과 에너지도 얻을 수 있답니다.

한정아 미생물이 말처럼 작고 보잘 것 없는 생물이 아니었네요.

천종식 생긴 게 볼품은 없지만 미생물이 인간에게 주는 도움은 끝이 없지요.

한정아 그런 미생물을 연구하시다보면 재미있는 경험도 많이 하셨을 것 같은데, 한 가지만 소개해 주세요.

천종식 글쎄요, 아직도 꿈인지 생시인지 헷갈리는 경험을 한 적이 있어요. 그래도 아주 재미있었으니까 말씀 드리지요. 제가 한 이야기를 작가님이 재미있게 동화로 만들어서 어린이들한테도 들려주세요. 허허허. 그럼 저는 미생물 사냥을 하러 떠납니다!!

천종식 교수님이 들려준 이야기가 어떤 이야기인지 궁금하다고요? 이리 가까이 와 보세요. 지금부터 그 이야기를 해 줄 테니까요.

차 례

세상 구석구석 숨어 있는 미생물

이로운 미생물 vs 해로운 미생물

지구를 살리는 미생물

미생물을 소개합니다!

미생물 연합회 회장

지구에서 가장 먼저 생긴 박테리아 미생물입니다. 미생물 연합회 회장답게 미생물의 역사와 종류에 대해 가장 잘 알지요. 미생물을 잘 이끌기 위해 미생물 회의를 열어 사람과 미생물이 더불어 사는 방법을 고민합니다.

장균

박테리아 중 가장 흔한 대장균으로 이 책의 주인공입니다. 명랑한 성격으로 미생물 연합회 회장님의 부탁을 받아, 친구들과 함께 세상 구석구석의 미생물을 만나러 모험을 합니다. 미생물 회의가 열리는 데 큰 공을 세우지요.

꾸물이와 롱스

장균이와 함께 모험을 하는 친구들입니다. 꾸물이와 롱스는 모두 장균이와 같은 박테리아예요. 이름처럼 기다란 롱스는 동작이 빠른 반면, 꾸물이는 느리다고 합니다. 그 때문에 꾸물이는 큰일을 당하지요.

아케아

시끄럽고 요란한 세상이 싫어 각기 뜨거운 곳, 아주 짠 곳, 산소가 없는 곳으로 숨어들었다는 오래된 미생물이지요. 오로지 자기가 살던 대로만 살고, 자기가 하는 일만 계속하는 고집쟁이랍니다.

아메바

물에 사는 원생생물이에요. 박테리아에 비하면 매우 크지만, 아메바 역시 현미경으로만 볼 수 있습니다. 흐물흐물한 상태로 있다가 옆을 지나는 박테리아들을 순식간에 잡아먹는, 미생물들에는 아주 위협적인 존재지요.

곰팡이

식물처럼 한 발짝도 움직일 수 없지만 가벼운 씨앗을 만들어 바람을 타고 날아다니는 미생물입니다. 어둡고 습한 곳에 살아 지저분하다는 소리를 듣지만, 푸른곰팡이는 수많은 생명을 살린 항생제인 페니실린의 재료가 된다고 매우 자랑스러워한답니다.

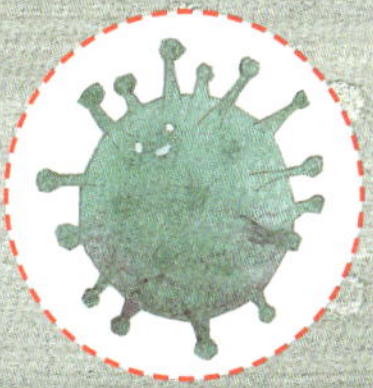

바이러스

미생물 중 크기가 가장 작지만 많은 병을 일으킵니다. 생물이 아닌 것처럼 먹지도 움직이지도 않다가도 누군가 건드리기만 하면, 사람이나 소, 돼지 같은 동물뿐 아니라 같은 미생물인 박테리아도 공격하는 무지막지한 녀석입니다.

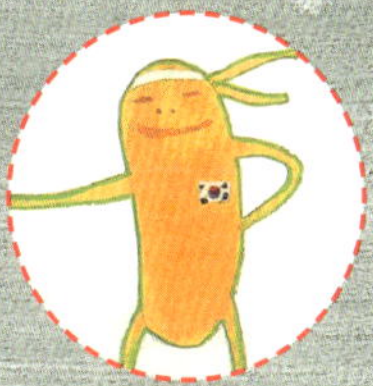

미생물 요리사

사람의 장을 튼튼하게 만들어 주고, 맛있는 요리도 만들어 주는 고마운 미생물입니다. 요구르트나 치즈를 만드는 유산균, 한국인의 대표 음식인 김치를 만드는 김치 유산균, 술을 만드는 효모, 간장과 된장을 만드는 고초균 등이 있지요.

사람을 괴롭히는 미생물

사람의 입 안에 살면서 충치를 일으키는 박테리아인 무탄스 균과 다른 미생물은 절대 살 수 없는 사람의 위에 사는 천하무적 헬리코박터 파일로리 균 등이 있습니다. 그들은 사람의 몸에서 어떻게 살아남았을까요?

서로 도우며 사는 미생물

다른 생물과 더불어 사는 공생 미생물도 있습니다. 뿌리혹박테리아, 농장곰팡이, 사상균의 이야기를 통해 사람과 미생물이 더불어 사는 방법을 생각해 보세요.

미생물이 작다고 얕보지 말아요!

안녕하세요? 난 꼬물꼬물 대장균이에요.

"꺅!"

어디선가 비명이 들리는 것 같네요. 그럴 줄 알았어요. 진정해요, 진정해.

사람들은 '미생물'이라고 하면 얼굴부터 찌푸리죠. 하지만 그건 여러분이 우리를 잘 몰라서 그런 거예요. 언젠가 "미생물의 진실"을 밝힐 수 있는 방송이라도 생기면 그때 출연해서 우리 미생물의 억울함을 호소할 생각이에요. 우리가 몹쓸 짓만 하는 게 아니라 오히려 사람들을 돕고 있다는 걸 말이에요.

그나저나 엊저녁 미생물 연합회에서 소식이 왔어요.
회장님이 미생물 회의를 소집하셨다는데 무슨 일일까요? 꼬물거리는 것 외에는 딴 짓을 할 줄 모르는 미생물 친구들이 무슨 일을 벌였을 리는 없을 텐데 말이에요.
미생물이 무슨 연합회를 만들고 회의를 하느냐고요? 그건 모르시는 말씀! 자그마치 50,000,000,000,000,000,000,000,000,000,000마리나 되는 미생물이 지구에 살고 있답니다. 우리에겐 익숙한 숫자지만 사람인 여러분은 어떻게 읽어야 할지 감당이 안 되지요. 이 어마어마한 수의 미생물을 모두 합해 몸무게를 달면 자그마치 5만 조 톤, 지구 생물체 무게의 60퍼센트 이상을 차지한다고요. '티끌 모아 태산'이라는 속담을 우리 미생물이 제대로 보여 준 셈이지요. 그러니 그 많은 미생물을 조정하고 통제할 기구 하나쯤은 있어야 마땅하겠지요?
이제 우리 이름이 미생물이라고 해서 시시한 존재는 아니라는 것을 알겠죠?
인간 학자들은 사람의 눈으로는 볼 수 없고 현미경으로나 볼 수 있는 매우 작은 생명체를 미생물이라고 부릅니다. 우리가 아주 작은 생명체인 것은 사실이에요. 그러나 그렇지 않은 경우도 있답니다.

산에 가면 나무에 붙어사는 버섯을 볼 수 있지요? 쫄깃하고 맛있어서 여러분의 식탁에도 자주 오르는 버섯 말이에요. 그 버섯도 미생물이랍니다. 미생물 중의 곰팡이 족이죠.

흐흐 어떤가요? 버섯의 정체가.

버섯의 정체가 이것으로 끝나는 것은 아니랍니다. 크기에 대해 알고 나면 깜짝 놀랄걸요? 알프스 산 동쪽에 자리 잡은 국립공원에는 천 살쯤 된 할머니 버섯이 있답니다. 이 할머니 버섯은 보통 버섯이 아니라 세계에서 가장 큰 생물이랍니다. 무려 축구장 8개 크기만 하지요. 더 놀라운 사실은 세상에서 가장 큰 동물인 고래가 세상에서 가장 큰 식물인 삼나무에 비하면 큰 편에도 못 끼고, 또 그 삼나무는 세상에서 가장 큰 미생물인, 할머니 버섯에 비하면 한 없이 작다는 거예요. 생물 중에 가장 작은 것도, 가장 큰 것도 미생물인 거죠.

인간 학자들은 헷갈렸어요. 그래서 미생물을 이렇게 정하기로 했답니다.

"동물도 식물도 아닌 것은 다 미생물로 불러야겠어!"

크기로만 미생물을 정할 수 없게 되었으니 할 수 없었겠지요. 그러나 미생물 입장에서 썩 기분 좋은 일은 아니에요. 이것도 저것도 아닌 것은 다 미생물이라니요. 그러니 오늘날 미생물 종족의 종류와 수가 이렇게 많은 거예요.

사실 미생물인 나도 모르는 미생물이 대단히 많답니다. 세상 여기저기에 수많은 미생물이 살고 있다는 정도만 알지요. 산, 바다, 호수, 깊은 땅속까지 미생물이 없는 곳은 없어요. 사람들이 사는 집 안에도 아주 많지요. 못 믿겠다고요?

저기 손가락을 쪽쪽 빠는 아가를 보세요. 현미경으로 몇백 배 확대해 들여다보면, 꼬물꼬물 쉬지 않고 움직이는 미생물이 줄 맞춰 입 속으로 행진하는 모습이 보일 거예요. 어쩌면 지금 여러분의 몸속에 어엿이 터를 잡고 살아가는 미생물도 지난 시절 손가락을 타고 들어온 것일지 몰라요. 그러니 몸속에는 손가락을 타고 입속으로 들어가는 미생물보다 그 수가 훨씬 많다고요. 그뿐인가요? 오래된 빵에 피는 곰팡이도, 술을 담글 때 쓰는 효모도 모두 미생물이에요. 연못에 사는 아메바와 짚신벌레도 마찬가지고요.

손가락은 정말 맛있어!

랄랄라~. 손가락 따라 입 속으로 들어가자!

아무리 둘러봐도 눈에 보이지 않겠지만, 세상은 미생물 천지라는 이야기지요.

이래도 우리를 작다고 얕볼 건가요? 우리가 얼마나 유서 깊은 가문의 후손들이며 무슨 일을 하며 살고 있는지 알게 된다면, 분명히 우리를 다시 보게 될 거예요.

그럼 이제 흥분을 가라앉히고 회장님께 가 봐야겠어요. 왜 회의를 열려고 하시는지 말이에요.

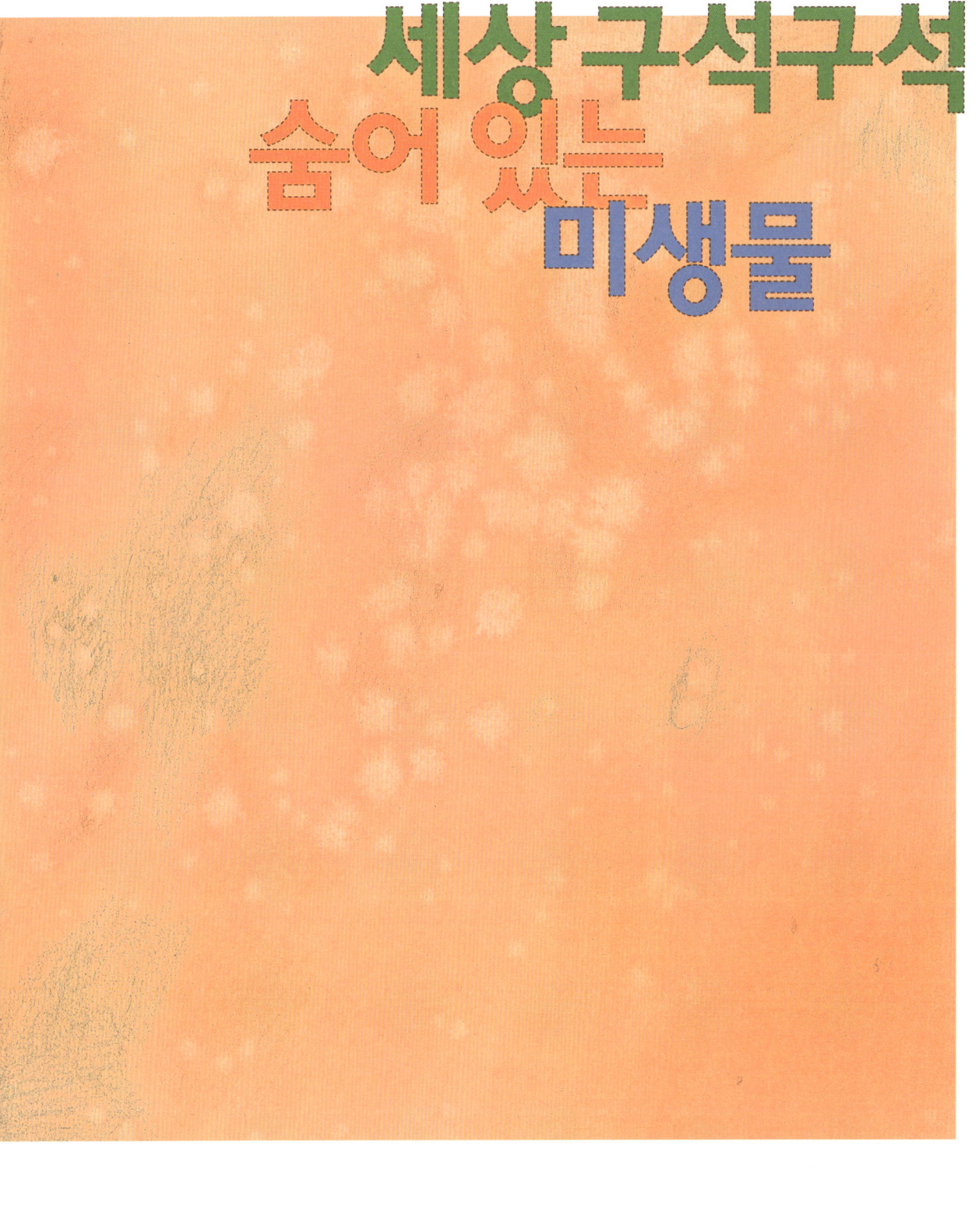

세상 구석구석 숨어 있는 미생물

"에, 그러니까 우리 미생물은 지구에 있는 모든 생명체의 근원이며, 지구의 주인으로서…."

어! 회의가 벌써 시작된 걸까요? 방 안에서 회장님의 열띤 목소리가 들려오네요. 슬쩍 방문을 열어 보니 방 안은 텅 비어 있고, 회장님 혼자서 열심히 떠들고 계시지 뭐예요.

"히히, 회장님. 회의 때 낭독하실 개회사 연습하시는 거예요?"

"장균이구나. 그래, 이게 보통 회의냐? 우리 미생물 종족이 처음으로 한자리에 모이는 건데 말이야, 그것도 38억 년 만에!"

아, 또 그 38억 년. 회장님이 항상 강조하는 말씀이지요. 하긴 우리 미생물 역사상 38억이란 숫자는 아주 중요해요.

지금으로부터 38억 년 전, 지구에 아무것도 없을 때 생물로서는 우리 미생물이 처음으로 세상에 등장했거든요.

그뿐이 아닙니다. 그 후로 우리 조상님 중 한 분은 늘어나는 미생물 수와 식량 문제를 연구하시다가 획기적인 발명까지 했답니다. 그분은 넘치는 햇살에 이산화탄소를 섞어 드시고는 공중에 산소를 펑펑 내뿜으셨고, 그 탓에 지구에 많은 식물과 동물이 차례로 나타나게 되었답니다. 보통 큰 업적이 아니지요. 나중에 사람들은 그 조상님을 '**시아노박테리아**'로 불렀고, 그분의 이름은 자랑스럽게 지구 역사의 한 페이지를 장식했답니다.

"위대한 조상님의 후손임에도 불구하고 그동안 사람들로부터 하찮은 생물로 취급된 것도 억울한데, 이제 우리가 몹쓸 병을 일으킨다고 인간 사회가 시끄럽다고 하는구나!"

사람들은 무슨 일만 있으면 우리 탓으로 돌린다니까요. 애초에 사람들에게 우리 모습을 들키지 말았어야 했어요.

맨 처음 우리를 발견한 사람은 실험실의 과학자가 아니라 옷감 장수인 레벤후크라는 사람이었대요. 그 아저씨가 그냥 옷감이나 열심히

팔았으면 좋았을 텐데, 특이하게도 안경알(렌즈)을 얇게 가는 법을 배우고, 현미경 만드는 취미를 갖고 있었다지 뭐예요.

게다가 성격도 얼마나 집요한지 (물론 사람들 편에서 보면 매우 끈기 있다고 하겠지만요.) 렌즈를 갈고 갈아 두께가 30밀리미터(mm)도 안 되는 렌즈를 만들었대요. 아저씨는 이 렌즈를 가지고 자기가 파는 옷감에서부터 입속까지 무엇이든 들여다보는 일에 단단히 재미가 들렸고, 어느 날 고인 빗물 한 방울을 현미경 렌즈에 올려놓고 들여다보게 됐어요.

"세상에! 아주 작은 동물들이 꿈틀대고 있어!"

레벤후크 아저씨는 너무 놀라 소리를 질렀겠지요? 왜 안 그렇겠어요. 맨눈으로는 절대 볼 수 없었던 생물을 처음으로 봤는데요. 또 그 수는 얼마나 많았겠어요.

바로 그 순간(1673년)이 우리가 얼떨결에 사람들에게 알려진 날이랍니다. 사람으로서는 미생물을 처음 발견했다고 좋아했겠지만, 미생물로서는 아주 불편한 사건이라고요. 조용히 잘 지냈는데 갑자기 인간 세상에 드러나 관심을 받게 되었으니까요.

"어쨌든 세상에 우리 미생물이 알려질 바에야 제대로 알려야지. 사람들이 우릴 너무 오해하고 있거든. 우리 미생물은 달라도 너무 다른 개성파들이라 탈이야. 한자리에 모여 서로에 대해 알리고, 미생물의 역할과 자부심을 일깨워 줘야겠어!"

회장님 말씀이 마땅해요. 미생물 회의를 여는 건 매우 필요한 일 같아요. 그런데 세상 구석구석에 흩어져 있는 수많은 미생물 족을 어떻게 다 불러 모으려고 하시는 걸까요.

갑자기 회장님이 은근한 목소리로 나를 불렀어요.

"그래서 말인데 장균아, 네 도움이 필요하구나!"

멀뚱멀뚱 회장님을 쳐다보고 있는데 회장님이 함빡 웃으며 말씀했어요.

"네가 세상에 뿔뿔이 흩어져 살고 있는 미생물 족들을 찾아가 회의에 대해 알리고 참석하라고 전해야지. 강하고 영리하고 재빠르기로 소문난 네가 아니면 누가 그 일을 하겠니?"

이런, 미생물은 별의별 곳에 살고 있는데 어떤 험한 일이 기다릴 줄 알고 쉽게 길을 나서겠어요. 나는 고개를 절레절레 흔들었어요.

"전 그런 소문 들은 적 없는데요. 저 무지하게 연약해요."

"녀석 엄살은. 미생물은 어떤 환경에서도 살아남는 강한 종족이다. 게다가 내가 준 특별한 망토가 있지 않니? 그것만 있으면 문제없을 거야. 너도 이번 일로 느끼는 게 많을 거야. 딴소리 말고 떠나도록 해라."

그나마 다행인 것은 혼자 가는 건 아니라는 거예요. 밖에 나오니 내 친구 꾸물이와 롱스가 기다리고 있었어요. 회장님은 우리를 아주 흡족하게 바라보시더니 꾸물이와 롱스에게도 저한테 주신 것과 똑같은 투명한 망토를 하나씩 걸쳐 주셨어요.

"이건 특수 세포막이다. 견딜 수 없이 힘든 곳에 가게 되면 뒤집어쓰도록 해라."

여기까지 오는 것도 힘들었던 꾸물이가 숨을 고르며 말했지요.

"왠지 우리가 미생물 원정대가 된 것 같은데."

미생물 원정대가 된 우리 셋은 미생물의 명예를 회복하고 자존심을 되찾고 싶어요. 그런데 우리가 맡은 임무를 잘해낼 수 있을까요? 걱정이 앞섰지만, 용기를 끌어모아 외쳤답니다.

"출발! 미생물 종족들을 찾아서."

"얘들아, 좀 기다려. 힘들어 죽겠어."

모험을 시작하지도 않았는데 꾸물이가 벌써 뒤처집니다. 꾸물이 잘못은 아니지만, 시작부터 이러니 언제 그 많은 미생물 종족을 다 만날지 걱정이 돼요.

같이 가는 꾸물이는 느리지만 롱스나 나는 헤엄치기에는 자신이 있답니다. 우리는 1초에 몸길이의 50배를 움직일 수 있다고요. 어때요, 대단하지요?

사실 롱스와 나만 그런 게 아니고요. 우리 박테리아는 대부분 그렇게 빨리 움직일 수 있어요.

그러고 보니 우리 박테리아 족에 대한 소개를 빠뜨릴 뻔했네요.

여러 미생물 중에서도 지구에 가장 처음 생겨난 미생물이 바로

박테리아랍니다. 그 증거로 지금까지 발견된 생물체 화석 중 가장 오래된 **스트로마톨라이트**에 박테리아 조상님들이 화석으로 묻혀 있답니다. 순서상으로도 우리 박테리아 족을 가장 먼저 알리는 게 맞는 거 같네요. 헤헤.

사람들은 박테리아를 보통 '세균'이라고 불러요. 대장균, 유산균 같은 세균 말이에요. 세균이라고 하니까 더 싫다고요? 하긴 세균이나 박테리아나 별로 환영받는 이름은 아니지요.

하지만 여러분의 주위는 물론이고 당장 한 사람의 몸에 100조 마리의 박테리아가 우글거리는 걸요. 질색만 할 게 아니라 우리 잘 지내 봐요. 가끔 설사를 일으키는 이질균 같은 나쁜 박테리아도 있지만, 박테리아 대부분은 나쁜 병균을 물리치고 사람들이 건강하게 살아가는 데 도움을 준답니다.

사람 몸속에 우리가 많이 들어가 살 수 있는 이유는 크기가 아주 작아서랍니다. 박테리아 10조 마리가 모여야 겨우 여러분이 갖고 노는 구슬 한 개 크기 정도 될까요. 현미경으로나 들여다봐야 보이는 작은 몸이지만, 나름대로 필요한 건 다 갖추고 있어요.

우선 세포로 이루어져 있고, 어디든 달라붙을 수 있는 끈끈한 덮개도 있어요. 또 무엇보다 활발히 움직일 수 있는 꼬리인 편모가 있지요.

꾸물이가 느린 이유는 바로 이 편모 때문이에요. 꾸물이 편모는 유난히 짧거든요.

보통 박테리아의 편모는 자기 몸보다 길어요. 우리는 그 편모를 헬리콥터 날개처럼 뱅글뱅글 돌리며 물속에서 앞으로 나가지요. 움직이는 게 좀 멋있죠?

꾸물아! 편모를 휘리릭 헬리콥터처럼 날쌔게 돌려 봐!

* 박테리아가 움직이는 모습(www.youtube.com/watch?v=891M1TH99_8)입니다. 정말 빠르죠?

롱스나 내가 쌩하고 편모를 돌리는 모습은 마치 회오리바람 같다고나 할까요. 하하하!

"야, 먼지 나 먼지!"

꾸물이는 빨리 움직이는 걸 질색하지만 아마 꾸물이도 속으로는 마음껏 먼지를 일으키고 싶을 거예요. 편모를 아무리 뱅글뱅글 돌려도 제자리에서 맴돌기만 하는 느림보 꾸물이.

"꾸물아, 네가 고생이 많다. 그래도 어쩌니 바삐 움직이는 수밖에. 히히히!"

우리는 꾸물이를 놀리며 멀찍이 앞서 갔답니다.

“어, 장균아! 저기.”

오, 저런. 먹음직스런 사과가 나무에서 떨어져 뒹굴고 있어요.

우리는 얼른 편모의 회전운동을 거꾸로 돌렸어요. 갑자기 반대 방향으로 돌아가니 정신이 없네요. 하늘이 뱅뱅 도는 것 같아요. 어지럽지 않으냐고요? 한두 번 그러는 것도 아닌데요, 뭐. 우아하진 않지만, 우리 박테리아가 멈추려면 이렇게 하는 수밖에 없어요.

우리는 바로 정신을 차리고 사과에 온몸을 붙이고 먹기 시작했어요. 온몸에 이가 나 있느냐고요? 우리 박테리아는 이빨은커녕 입도 없답니다. 그냥 온몸을 대고 드러누워 사과를 쭉 들이키는 거죠. 배도 부르고 피부마사지도 따로 필요 없는 탁월한 식사법이지요?

한참 먹고 있자니 꾸물이가 도착했어요.

"우와, 사과다!"

꾸물이도 몸을 던져 사과에 찰싹 달라붙어서 맛있게 먹습니다. 우리가 사과를 맛있게 먹자 사과는 퀴퀴한 냄새를 풍기며 썩어갑니다. 빨갛고 예쁜 사과가 썩는 건 아쉽지만 어쩌겠어요. 땅에 떨어진 사과는 누군가의 먹이가 될 수밖에 없는 걸요.

"너희 집안은 원래 다 그렇게 느리냐?"

쉴 새 없이 사과를 빨아들이는 꾸물이에게 롱스가 물었어요.

"맞아 넌 누굴 닮아서 그렇게 느리냐?"

하나가 둘로, 둘이 넷으로,
넷이 여덟으로…….

"냠냠, 그러니까 내가 누굴 닮아 편모가
짧으냐면…."
꾸물이가 생각에 잠기려는 순간,
우리 머릿속에 문득 떠오르는 것이
있었어요.
아니, 누굴 닮아서라니. 꾸물이도 그렇고 롱스,
나까지 우리 박테리아 집안은 원래 엄마,
아빠나 할머니, 할아버지가 없거든요.
왜 이제까지 한 번도 이런 생각을 해 본 적이
없을까요? 지구에는 아무리 작은 생물도 낳아 준 엄마
아빠가 있는데 말이에요.
"그러니까 우리가 어떻게 태어났느냐 하면."
롱스가 심각하게 말했어요.
"태어나긴! 우린 나뉜 거야. 하나의 세균이 나뉘어서 두 개가 되고,
그것들이 각각 나뉘어 네 개가 되고…."
꾸물이 말을 듣다 보니 몸이 갑자기 근질근질해지는데요. 이러다 나도
나뉘는 거 아닐까요.

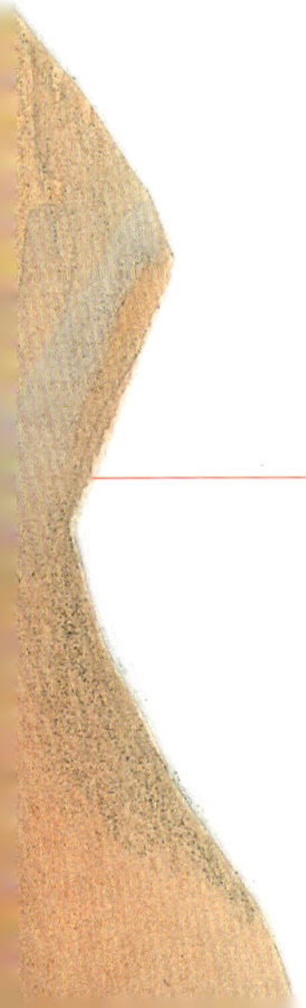

"야, 참아. 임무를 완수할 때까지는 우리 셋만 가자!"

내가 이상해진 것을 눈치챈 롱스가 말렸어요. 맛있는 것도 먹었겠다, 날씨만 좀 더 따뜻했으면 나는 세포분열을 일으켰을지도 몰라요. 세포분열이란 조건만 맞으면 세포가 쌍둥이처럼 똑같이 나뉘는 걸 말하는데, 우리 박테리아는 세포분열을 통해 번식을 해 왔답니다. 30억 년 넘는 동안 똑같은 자손을 만들어 내면서 말이에요.

"뭐야? 그럼 우린 고아나 마찬가지야? 갑자기 슬퍼진다."

꾸물이가 우울한 얼굴로 말했어요.

"글쎄 꼭 그렇게 생각할 건 없지. 하나가 나뉘고, 또 나뉘고, 계속했으니…."

그러다가 롱스가 소리쳤어요.

"내 안에 우리 조상님 있다!"

엥? 그럼 도대체 우린 몇 살인 거죠?

내 안에 조상님의 숨결이 느껴져.

뜨끈뜨끈한 게 좋아 고온성 아케아

으으, 뜨거워! 우리는 지금 아케아 족을 만나러 가는 길이에요. 아케아 족은 우리 박테리아와 모양은 비슷하지만, 성질은 아주 달라요. 미생물 대부분은 60도 이상을 견디지 못하는데 80도가 넘는 온천물 속이라니! 아케아 족이 사는 곳에 가까워지니까 굉장히 뜨거워요. 이런 곳에 살면 성질이 정말 괴팍해지겠어요.

"으, 도저히 못 참겠다! 세포가 다 익어 버리겠어."

"어서 회장님이 주신 망토를 입자!"

우리는 얼른 망토를 두르고 물속으로 뛰어들었어요.

"갑갑해! 도대체 이 속 어디에 아케아가 있다는 거야?"

우리가 뜨거운 열기에 괴로워하고 있는데 어디선가 굵직하고 낮은 목소리가 들려왔어요.

"어허, 웬 녀석들이 이렇게 시끄러운고! 요란한 건 딱 질색이고만."

물속에 한 미생물이 느긋하게 온천욕을 즐기는 거 아니겠어요?

"누, 누구세요?"

"누구긴 이 녀석아! 내가 바로 너희가 찾는 **고온성 아케아**이시다. 나뿐이냐? 너희 주변을 한번 둘러봐라!"

헉! 그러고 보니 여기저기 아케아로 보이는 미생물이 우글우글했어요.

뜨겁긴, 뜨끈뜨끈해서 몸 지지기 딱 좋지.

"세상에, 아케아 님은 정말 괴로우시겠어요. 어쩌다 이 뜨거운 곳에서 살게 되었어요?"

"괴롭긴, 따끈하고 딱 살기 좋구먼. 옛날에 한 특이한 녀석이 산소인가 뭔가를 발명해 내는 바람에 지구가 아주 시끄러웠지. 그 소란을 피해 숨어들어 온다는 게 오늘날까지 여기서 살게 되었구나."

그렇다면 이 아케아는 혹시 시아노박테리아 조상님과 친구인가?

우리는 넙죽 몸을 굽히고 공손히 말씀드렸지요.

"아케아 할아버지, 미생물 회의가 열려요. 미생물 모두를 위한 일이니 꼭 참석해 주세요."

"회의라고? 바깥 세상이 많이 복잡해진 모양이군."

"그런데 어떻게 이런 곳에서 세포가 파괴되지 않고 견딜 수 있지요?"

"우린 뜨거운 온도에 견딜 수 있는 특별한 세포막을 껍질로 가지고 있단다. 다 환경에 적응해서 살게 마련이지."

아케아 할아버지 말씀으로는 정신없이 숨어들다 보니, 뜨거운 곳뿐 아니라 짠 곳, 전혀 빛도 산소도 없는 곳까지 세균이 숨어들었다고 해요.

"다른 친구들은 잘 지내고 있는지, 원!"

"그럼 그 아케아들도 또 찾아가야겠네요. 어휴."

그러자 아케아 할아버지가 우리의 망토를 유심히 살펴보더니 이러는 거예요.

"옛날부터 우리 미생물 족에 신통한 망토 세 벌이 전해 내려 온다는 전설이 있지. 어디든 마음대로 갈 수 있는 신기한 망토라지 아마?"

혹시 우리가 두른 망토가 그 망토라는 말씀인가?

"내 생각이 맞는다면 너희는 그 망토를 두르고 어디든 갈 수 있을 것 같구나. 세상에서 물이 가장 짜다는 사해까지도 말이야."

어어어! 아케아 할아버지의 말씀이 끝남과 동시에 우리는 어디론가 마구 빨려 들어가고 있었어요.

싱거운 녀석들은 가라 호염성 아케아

허우적거리며 겨우 정신을 차려 보니, 우리는 짠물이 넘실거리는 곳에 있었어요.

"웩, 퉤퉤. 짜! 그렇다면 여기가 사해야?"

"오, 전설의 망토 확실한데? 놀라운 신통력이야!"

우리는 혹시라도 짠물이 스며들까 봐 망토를 꼭 여몄어요.

잠시 후, 낯선 목소리가 들렸어요.

"녀석들, 꽤 시끄럽군. 요란한 건 질색이야!"

짠 것을 좋아하는**(호염성) 아케아**들이 분명해요. 사해는 너무 짜서 어떤 생물도 살 수 없는 '죽은 바다' 라는 뜻인데, 이런 곳에서도 사는 미생물이니까요.

"저희는 미생물 회의를 알리러 왔어요. 그런데 이렇게 짠 곳에서 어떻게

싱거운 녀석들이 사해에서도 멀쩡히 잘 있네?
회의에 참석해 주세요.

사세요?"

"짜긴? 짭조름하니 간이 딱 맞는구먼. 이런 싱거운 녀석들 같으니라고. 으하하하!"

아닌 게 아니라 호염성 아케아들은 살이 오동통하게 오른 것이 짠 게 입맛에 맞는 모양이에요. 딴 생물 같으면 몸이 터져 버렸을 텐데 말이에요.* 어서 이곳에서 나가야겠어요.

"그 망토만 있으면 옛 친구도 다 만날 수 있겠구나! 그 멋진 망토 좀 빌려다오."

호염성 아케아들이 우리에게 바짝 다가섰어요!

"안 돼요! 망토가 없으면 우리는 큰일 난다고요."

우리는 서둘러 사해를 떠났답니다.

몸이 터져 버리는 현상 (삼투현상)

어떤 성분은 통과 시키고, 또 어떤 성분은 통과 시키지 않는 것을 반투막이라고 하는데요. 장균이 같은 박테리아의 몸이 반투막으로 되어 있답니다. 장균이가 마법의 망토 없이 맨몸으로 사해에 빠졌다고 생각해 볼까요? 아주 짠 바다인 사해보다 덜 짠 장균이의 몸속은 소금기가 훨씬 적습니다. 그래서 사해의 짠 바닷물이 몸속으로 계속 들어옵니다. 사해의 물과 장균이 몸속의 소금기가 똑같아질 때까지 말이에요. 그러니 장균이의 몸은 점점 불어나겠죠? 그러다가 어느 순간엔 장균이 몸을 둘러싼 반투막이 '펑' 하고 터져 버릴 수도 있답니다.

산소가 없어도 끄떡없어 메탄 생성 아케아

이럴 수가! 사해의 짜디짠 바닷물에 시달리다가 간신히 탈출했더니 이번엔 물 컵 속이네요. 하고많은 데 다 놔두고 물 컵 속이라니. 우리 미생물이 원래 촉촉한 것을 좋아하기 때문에 싫은 건 아니에요. 기왕 온 김에 사해의 짠 기운이나 가시게 샤워나 해야겠어요.

그때였어요. 누군가 컵을 집어 들더니 벌컥벌컥 물을 들이켜는 거예요.

"어어어!"

우리는 물살에 휩쓸려 사람의 입 속으로 들어갔고 엄청난 속도로 아래로아래로 떠내려갔어요. 우리는 지금 사람의 몸속 어디쯤에 있는 걸까요? 뭐 잘은 모르지만 주위가 아늑하고 낯설지 않아 아주 좋아요.

"아아, 숨이 가빠, 산소가 부족해. 이런 곳에도 세균이 살까?"

함께 있던 꾸물이와 롱스가 숨쉬기가

어려웠는지 얼른 회장님이 주신 망토를 뒤집어 쓰며 말했어요.

꾸물이와 롱스는 제 친구면서도 어쩜 이렇게 저에 대해 아는 것이 없을까요? 제가 바로 산소가 없는 곳에서도 튼튼하게 살아가는 '대장균'인데 말이죠. 아니 산소가 없는 곳이 저는 더 좋답니다. 두 친구에게 한마디 하려는 데 어디선가 목소리가 들려왔어요.

"당연하지. 우린 산소 진짜 싫어해!"

산소를 싫어하는 아케아들이 있었네요.

"우린 산소 대신 이산화탄소랑 수소를 좋아한다고."

"안녕하세요? 우린 미생물 원정대예요. 미생물 회의가 열리는 것을 알리러 왔어요. 그런데 여기가 사람의 몸속 어디쯤이죠? 물 컵 안에 있다가 순식간에 휩쓸려서 정신이 없거든요. 헤헤."

"어디긴, 대장이지."

어쩐지! 아주 편안한 느낌이 든다 했어요. 대장이 바로 대장균의 고향이거든요. 대장에는 산소가 거의 없어요. 이런 곳에 사는 아케아를 **메탄 생성 아케아**라고 하지요. 메탄 생성 아케아는 이산화탄소와 수소를 먹고 메탄가스를 만들어 냅니다. 메탄*가스는 색깔도 냄새도 없지만, 동물의 방귀에 섞여 나가 이산화탄소*와 함께 지구 온난화*에 한몫하고 있다고 하네요.

"이만 나가 줄래? 우린 시끄러운 거 너무 싫어 해. 조용히 일에 몰두하고 싶다고."

"네, 알겠습니다. 미생물 회의에는 꼭 참석해 주세요."

우리는 독특한 식성을 가진 아케아들을 뒤로 하고 박테리아와 아케아보다 나중에 지구에 나타난 생물들을 찾아 나섰습니다.

메탄, 이산화탄소와 지구 온난화

자동차의 연료인 석유나 집안을 따뜻하게 하는 가스를 사용하고 나면 이산화탄소라는 기체가 생깁니다. 이 기체는 인간이나 생물에 직접 해를 끼치지는 않지만, 지구의 열이 우주로 나가지 못하게 붙잡아 두지요. 그래서 지구가 온실처럼 따뜻해집니다. 이것을 온실효과 또는 지구 온난화라고 해요. 그런데 지구온난화를 일으키는 기체는 이산화탄소 말고 또 있습니다. 그것은 바로 우리가 고기로 맛있게 먹는 소나 돼지 등이 내뿜는 방귀에 많이 섞여 있는 메탄이에요. 가축이 뀌는 방귀 속에 섞인 메탄의 양이 얼마나 많은지 심각한 지구 온난화 현상을 일으킨다고 해요. 그래서 덴마크와 뉴질랜드에서는 가축을 사육하는 농가에 '방귀세'를 매기는 법안을 만들려고 한대요.

시아노박테리아 조상님이 산소를 만드신 지 한참 뒤에 산소를 먹고 에너지를 만드는 훌륭한 조상님이 또 나타나셨다고 해요. 그러면서 박테리아의 수는 급격히 늘었고, 박테리아와 박테리아가 합쳐진 새로운 생물이 생겨났는데 그게 바로 **원생생물**이랍니다. 아메바, 짚신벌레, 유글레나 같은 물속에 사는 생물들이지요.

미생물 회장님 말씀으로는 지구에 생물이 살기 시작하고 나서도 한참 동안은 박테리아와 아케아, 그리고 원생생물밖에 없었대요. 그러고 보니, 원생생물과 우리는 보통 가까운 사이가 아니네요.

그런데 이게 웬일인가요?

원생생물 중 가장 유명한 **아메바**를 보고 우리는 깜짝 놀랐어요. 몸집이 우리보다 천 배는 큰 것 같아요.

흐느적흐느적 젤리 같은 몸을 물살에 맡기고 가만히 있는 아메바.
박테리아도 몸의 기관이 분명히 나뉘지는 않지만, 기다란 박테리아, 동그란 박테리아, 재미있는 별 모양 박테리아까지 뚜렷한 생김새는 있거든요.
그런데 아메바는 정말 특이하게 생겼어요. 젤리가 쏠리는 대로 몸의 모양이 바뀌니 일정한 생김새도 없는 것 같아요. 덩치가 커서 행동은 어찌나 굼뜬지. 신기해서 지켜보았더니 한 시간 만에 겨우 2센티미터밖에 못 가더라고요. 아메바는 미생물 중 느리기로는 단연 첫째라고 해요.
"야, 꾸물이보다 더 심한데."
우리가 키득거리고 있을 때였어요. 앞으로 기어나가던 아메바가 스윽 멈췄어요. 미생물이 아메바의 몸에 닿는가 싶더니, 아메바가 서서히 몸을 뻗어 그 미생물을 감쌌어요. 꼼짝 없이 잡힌 미생물은 아메바의 몸속으로 들어가 흔적도 없이 사라져 버렸답니다. 식사를 마친 아메바가 서서히 우리에게 몸을 돌렸어요.
"너희 나한테 무슨 볼일 있느냐?"
"아, 아니에요! 그냥 미생물 회의에 참석해 주십사 하고…. 헤헤!"
"그래? 좀 더 가까이 와서 자세히 말해 봐라."

* 호수에 사는 아메바가 움직이는 모습(www.youtube.com/watch?v=Nn1aSz36RaO)이에요. 빨리 움직인다고요? 그건 아메바를 촬영한 동영상을 아주 빨리 돌렸기 때문이랍니다.

우리는 너무 무서워서 회의가 있다는 것만 전하고 얼른 줄행랑을 쳤답니다. 아메바가 우리까지 먹어 치울 것 같았거든요.

"꺄악, 저건 뭐야!"

갑자기 꾸물이가 호들갑을 떨며 나한테 찰싹 붙었어요.

박테리아는 맛있어. 꿀꺽!
박테리아를 잡아먹다니,
느리다고 얕보면 안 되겠어.

나는 짚신벌레. 섬모가 있어 번개처럼 왔다 가지.

"왜 그래? 느림보 아메바가 여기까지 쫓아왔을 리는 없을 텐데."

순간 수많은 털을 흔들며 우리 옆을 쌩하고 지나가는 생물이 있었어요. 아, 짚신벌레예요. 사람들이 옛날에 신었던 짚신처럼 생겼다고 해서 붙은 이름이지요. **짚신벌레**는 아메바와 같은 원생생물이지만 아메바는 비교도 안 되게 빠르답니다. 빽빽이 난 짧은 섬모*를 흔들어 물살을 가르는데 1분에 1.5센티미터도 갈 수 있어요. 고작 그 정도냐고요? 미생물의 크기를 생각해 보세요. 그 정도면 정말 대단한 거라고요. 짚신벌레와 달리 긴 편모*로 우아하게 물살을 가르는 유글레나까지.

물속에는 수많은 원생생물이 살고 있어요. 참, 사람들이 영양 많다고 좋아하는 다시마와 파래도 원생생물이에요. 맨 눈으로도 볼 수 있는, 보기 드물게 커다란 미생물이지요.

섬모와 편모

미생물처럼 아주 작은 생물 세포의 표면에 나 있어 운동하는 가는 털을 섬모나 편모라고 합니다. 둘이 서로 다른 특징이 있다면 섬모는 털의 길이가 짧으며 수가 많고, 편모는 털의 길이가 섬모보다 길며 수가 적은 것이지요.

* 짚신벌레가 먹이로 효모를 먹는 모습(www.youtube.com/watch?v=l9ymaSzcsdY)입니다. 짚신벌레 몸속에 보이는 빨간 것은 모두 잡아먹힌 효모랍니다.

생명이 바다에서 시작했으므로 바다에는 가장 많은 미생물이 살고 있어요. 그런데 갑자기 수많은 작은 생물이 떼 지어 우리 쪽으로 몰려왔어요. 무슨 일인지 알아볼 겨를도 없이 우리는 순식간에 그 무리에 끼게 됐답니다.

"우리는 **동물성 플랑크톤**인데 너희도 얼른 도망치는 게 좋을걸."

"왜?"

질문이 끝나기도 전에 동물성 플랑크톤은 바쁘게 우리를 지나쳐 버렸고, 우리는 덩달아 무리와 함께 헤엄을 치게 되었답니다.

"미생물은 대피하라! 미생물은 대피하라!"

수조 마리의 작은 생물이 떼 지어 달아나면서 일제히 외쳐댔어요.

한참 가다 뒤를 보니 정말 놀랄 일이 벌어지고 있었어요.

작은 물고기들이 입을 쫙 벌리고 미생물들을 향해 돌진하는 거였어요.
물고기들이 앞으로 나아갈 때마다 수도 없이 많은 미생물이 그 입속으로 쑥쑥 들어갔어요.

"으악, 미생물 살려!"

우린 죽으라고 도망쳤어요. 가만, 그런데 우리가 왜 이렇게 힘들게 도망치고 있지요? 우리에겐 전설의 망토가 있는데 말이에요. 우리는 얼른 망토를 두르고 가까운 바위로 숨었어요.

동물성 플랑크톤은 작은 물고기에게 계속 먹히고 있었어요. 그게 다가 아니었지요. 작은 물고기들 뒤로 큰 물고기들이 따라와 작은 물고기도 잡아먹혔어요. 그리고 그 뒤에 더 큰 물고기가 입을 쩍 벌리고 큰 물고기를 바짝 쫓아왔어요.

정말 살벌하네요. 물속은 잠시도 방심할 수 없는 무서운 세계예요.

하지만, 이 드넓은 바다에 원생생물이 없다면 어떻게 될까요?

우리가 만난 동물성 플랑크톤은 물론, 광합성으로 스스로 양분을 만드는 **식물성 플랑크톤**도 원생생물입니다. 동물성 플랑크톤이 식물성 플랑크톤을 먹고, 또 그 동물성 플랑크톤은 다른 물고기들의 먹이가 되기 때문에 바다 생물 모두가 살 수 있는 거라고 볼 수 있지요.

미생물 연합회는 몸 바쳐 바다 생태계를 지키는 원생생물에게 공로 훈장을 줘야 한다고 생각합니다!

우리는 물을 벗어나 밖으로 나왔어요. 그러고 보니 계속 물에 사는 미생물만 만나고 다닌 것 같네요.

오랜만에 뽀송뽀송한 공기 중으로 나오니 기분이 상쾌… 킁킁. 그런데 이게 무슨 냄새지요? 어디선가 퀴퀴한 냄새가 풍깁니다.

"어휴, 찝찝해. 이게 무슨 냄새야."

"그러게 말이야! 오랜만에 상쾌한 공기 좀 마셔 보려 했더니."

솔직히 말하자면 우리는 퀴퀴한 냄새를 그다지 싫어하진 않아요. 싫긴요, 사정없이 좋아하지요. 우린 박테리아니까요, 헤헤.

우리는 몸으로 냄새를 맡듯이 꿈틀거리며 퀴퀴한 냄새가 나는 쪽으로

균사

곰팡이, 버섯과 같은 균류의 몸을 이루는 가느다란 실 모양의 세포를 말해요.

갔어요. 그런데 시커먼 **곰팡이**들이 머리를 풀어헤친 채 너울거리고 있지 뭐예요.

"헉, 처녀 귀신!"

"뭐? 이래봬도 이게 요즘 곰팡이 사회 최신 유행인 균사★ 스타일이거든."

곰팡이들은 부스스한 균사를 흔들어댔어요. 이렇게 어두컴컴한 곳에서 귀신같이 모양을 내고 있다니. 우리는 곧바로 정신을 가다듬고 회의 소식부터 전했어요.

그런데 곰팡이들은 우리가 영 못마땅했나 봐요.

"야, 얼굴 좀 펴라. 세균이나 곰팡이나 그게 그거지. 너희가 우리 보고 인상 쓸 처지니? 그리고 우린 좋은 일도 많이 해!"

곰팡이들이 있어 지구가 이렇게 평화롭게 유지되는 걸 알기나 하느냐고 큰소리를 치네요.

"우린 말이야, 썩은 음식도 먹고 동물의 시체도 먹어. 이거 봐, 이거 다 우리가 분해해 놓은 거야."

곰팡이들은 이제 형태도 알아볼 수 없는 동물의 시체를 온몸으로 쭉 빨아들였어요. 소름이 쫙 끼친다고요?

하지만 만약 곰팡이가 그런 일을 하지 않는다고 생각해 보세요. 지구는 온통 쓰레기와 동물들의 시체로 넘칠 텐데, 그게 더 끔찍하지 않을까요?

가을에 길거리에 떨어진 그 많은 낙엽을 곰팡이가 먹어 치우지 않으면 어떻게 되겠어요!

"게다가 맛있는 **버섯**도 우리 작품이라고!"

맞는 말이에요. 땅속의 균사가 열매를 맺는 것이 버섯이니까요. 버섯에는 곰팡이 씨앗(홀씨)이 무수히 많이 매달려 있어요. 그 홀씨들은 바람을 타고 날아가 새로운 버섯을 만들지요. 물론 공기 중에는 다른 곰팡이 홀씨들도 둥둥 떠다녀요. 저기, 한 무리의 홀씨가 바람을 타고 여행을 시작했어요. 한번 따라가 볼까요.

운 좋게 살아남은 건강한 홀씨들이 어떤 집으로 들어갑니다.

"이야, 정말 마음에 드는 집인데."

홀씨들은 감탄하며 식탁 위 오래된 빵에 내려앉았어요.

슬슬 균사를 내뿜으며 곰팡이로서 활동을 막 시작하네요.

"어우, 맛있겠다."

우리 박테리아도 이런 시큼한 냄새는 도저히 못 지나친답니다. 우리도 잽싸게 내려앉아 곰팡이와 함께 빵을 먹었어요. 그러자 빵은 본격적으로 썩기 시작했지요.

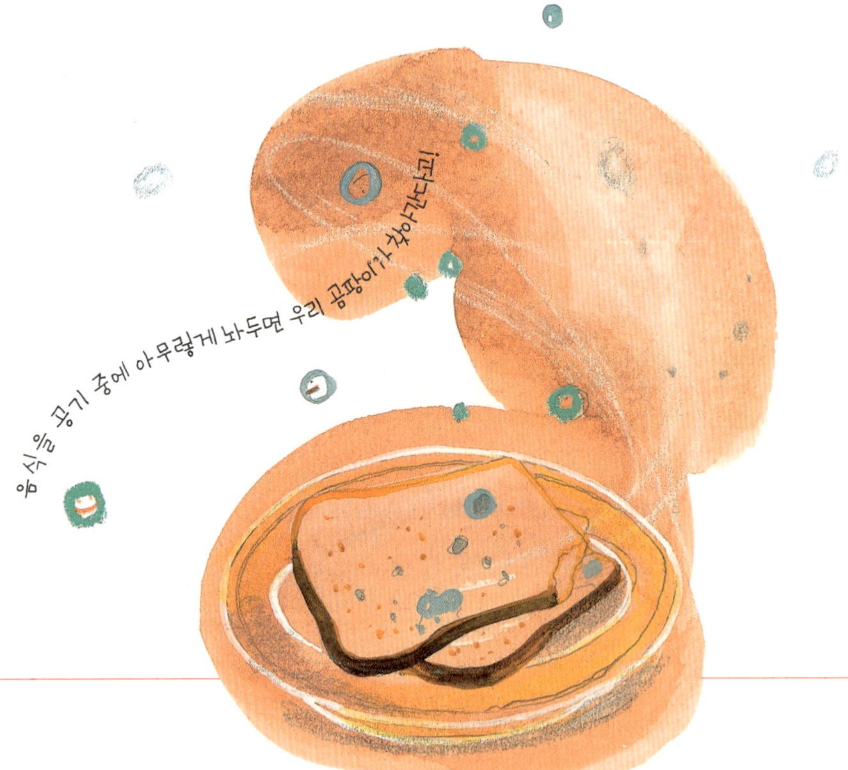

음식을 공기 중에 아무렇게 놔두면 우리 곰팡이가 찾아간다고!

왜 남의 빵을 막 먹느냐고요? 아무 데나 버려 둔 음식을 우리가 맛있게 먹어 줘야 사람들도 치울 생각을 하지요.

그런데 우리가 지금 빵이나 먹고 있을 때가 아닌데. 이런, 시간 가는 줄도 모르고…. 얼른 다른 곰팡이들을 마저 찾아야겠어요.

냉장고 뒤 먼지 풀풀 나는 틈새와 발 냄새가 모락모락 피어 나는 운동화 속에 사는 곰팡이들에게 회의가 열린다는 소식을 무사히 전달했어요.

아니, 저건 또 뭐지?

회의 소식을 알리고 다른 곳으로 가려는데 우리 눈에 들어오는 게 있었어요. 코를 골며 자는 아저씨의 발가락 사이에서 무좀 곰팡이를 발견했거든요. 무좀 곰팡이가 바글바글 모여 발가락을 간질이자 아저씨가 여간 성가신 게 아닌가 봐요. 자면서도 양 발을 비비고 손가락으로 후비고, 헉! 그 손가락이 바로 콧구멍으로 이동. 아무리 우리가 세균이지만 이런 것까지 보고 싶지는 않은데….

"진짜, 곰팡이들 너무 하는 거 아니니?"

"곰팡이라고 다 그렇게 지저분한 일만 하는 건 아냐. 나처럼 품위 있는 일을 하는 곰팡이도 있지."

어라, 이건 또 어디서 들리는 거만한 목소리죠?

미생물 계의 배신자 푸른곰팡이

주위를 둘러보니 사람들이 남겨 놓은 찬밥 위에 **푸른곰팡이**가 막 홀씨를 퍼트리고 있었어요.

"와, 우리도 쌀밥 좋아하는데."

"이건 내가 먼저 맡았다고! 가까이 오지 않는 게 좋을 거야. 난 박테리아를 죽이기도 하거든."

"박테리아를 죽인다고?"

우리는 화들짝 놀라 뒤로 물러났어요.

"그래, 나 푸른곰팡이는 너희처럼 내 음식을 노리는 박테리아를 죽이는 무기를 가지고 있거든. 그런데 이 무기를 1928년 영국의 알렉산더

이럴 수가, 푸른곰팡이 주변에
있는 균만 죽었잖아.

플레밍이라는 의사가 빌려가서는 페니실린 항생제란 이름을 붙여 사람들에게 소개했다는 거야. 그래서 수천만 명의 사람을 구했대. 그 공로로 플레밍은 노벨상까지 받았다나. 다 우리 덕이지. 사실 노벨상은 플레밍이 아니라 우리

푸른곰팡이가 받았어야 했다고!"

저런 자신감은 어디서 오는 걸까요. 하긴 사람들의 생명을 무수히 많이 구했다니 그럴 만도 하겠지요. 그런데 이걸 같은 박테리아로서 잘했다고 칭찬해야 될까요?

"야, 우리는 사람들한테 병 잘 안 일으키는데 우리도 죽일 거니?"

"후훗! 글쎄? 내 독이 모든 박테리아에게 통하는 건 아닌데. 한번 맛 좀 볼래?"

뭐야, 같은 미생물끼리 해치려고 무기나 만들고!

푸른곰팡이 녀석! 아무래도 박테리아 처지에서 잘 봐주기는 영 어려운 미생물이에요.

미생물계의 악당 바이러스

이제 마지막으로 바이러스를 만나러 가야 해요. 사실 바이러스를 만나는 건 좀 망설여져요. 왜냐고요?

바이러스는 독감, 아폴로 눈병, 한 때는 하루에 수천 명의 목숨을 앗아간 천연두까지, 많은 병을 일으키는 미생물계의 악당이거든요. 하지만 바이러스도 미생물이니 두려워도 만나러 가야죠, 뭐.

사람들은 한 번 병에 걸리고 나면 면역이 생겨 다시 그 병에 잘 걸리지 않아요. 몸 안에 건강한 백혈구 세포가 나쁜 병균을 기억했다가 맞서 싸우는 것이지요. 그런데 바이러스는 변신의 천재라서, 사람 몸 안에 있는 세포들이 당황하여 싸움에 지기 일쑤예요. 그래서 사람들이 한 번 걸린 감기에 걸리고, 또 걸리는 것이지요.

사람들은 수많은 미생물 종족을 정복했지만, 아직 이 바이러스만큼은

쓰러뜨리지 못했나 봐요. 바이러스로 말미암은 병을 완전히 치료할 약을 아직 개발하지 못했다는 걸 보면 말이에요.

어쨌든 바이러스는 사람들이 좋아하는 '살균', '소독'에 간단히 쓰러지는 우리와는 차원이 다른 미생물인 건 분명해요.

"대단히 무서운 놈들인가 봐!"

우리는 벌벌 떨며 바이러스를 찾았어요.

그런데 별일이네요. 그 악명 높은 바이러스가 어찌나 쪼그만지 귀엽기까지 해요. 우리 세균들의 100분의 1 크기나 될까요. 게다가

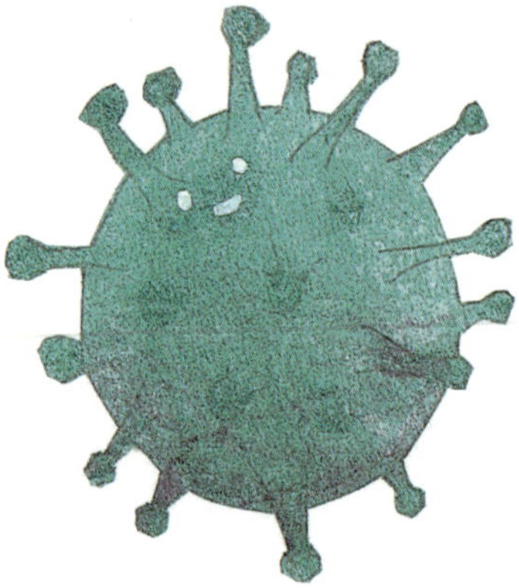

나는 독감 바이러스야.
지금은 이런 모습이지만
언제 어떻게 변할지는
나도 모르니 조심하라고!

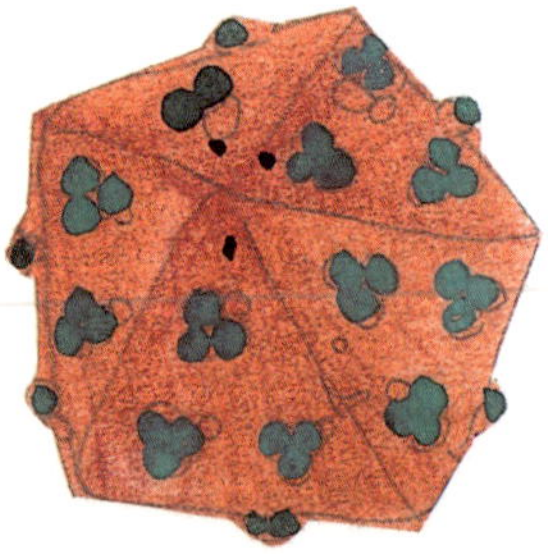

난 에이즈 바이러스.
사람에게 큰 해를 입히려던 건
아니었는데, 어쩌다 보니
그렇게 됐어. 날 너무 미워하지 마.

살았는지 죽었는지 꼼짝도 안 하는 거예요.

숨도 쉬지 않고, 아무리 지켜봐도 뭘 먹지도 않고…. 바이러스가 생물이 맞는 건지도 잘 모르겠어요.

그뿐이 아니에요. 생긴 것도 괴물 같아요. 여러분이 갖고 노는 레고 조각을 맞춰 만든 공같이 생긴 것도 있고, 뾰족한 압정을 꽂아 놓은 모양도 있고, 여섯 개의 다리가 달린 우주선 모양의 바이러스도 있어요.

함부로 가까이 갈 수도 없고 어찌해야 할지 모르겠어요.

"아휴, 답답해. 이거 진짜 장난감 아니야?"

"안 돼, 꾸물아! 가까이 가지 마!"

꾸물이가 편모로 바이러스를 건드리는 순간 바이러스가 번쩍 깨어났어요.

으악!

"피해, 꾸물아!"

그러나 동작이 느린 꾸물이는 바이러스들을 당할 수 없었어요.

어느새 바이러스가 꾸물이의 등 위까지 번졌어요.

"고마워요, 먼저 건드려 줘서. 우리는 혼자 움직일 수 없거든요."

나름 예의 바른 바이러스에게 우리는 꾸물이를 놓아달라고 부탁했어요.

"그럴 수는 없어요. 이 순간을 얼마나 기다렸는데요."

바이러스는 우리처럼 세포로 되어 있지 않대요. 그리고 유전자는 있지만 자식을 낳을 수 없대요. 하지만 사람을 비롯한 동물과 식물 세포에 침입하여 그 안에서 자신의 유전자를 복제하고, 자식을 만들어 번식한다는 거예요. 불완전하긴 하지만 자식을 낳는 걸로 보아 바이러스가 생물이긴 한 것 같네요. 바이러스도 자신들의 방법대로 살아가는 거겠지요.

바이러스 중에는 세균을 공격하는 것도 있는데, 꾸물이는 그런 녀석 중에 하나에게 걸린 것 같아요. 바이러스들은 잠깐의 망설임도 없이 꾸물이의 몸으로 침투했어요.

"악, 제발 내 몸에서 나가! 윽."

그러나 목표를 정한 바이러스들은 냉정하게 자기네 할 일을 했어요.

바이러스들은 먼저 자신의 유전자를 꾸물이의 몸 안에 퍼트렸어요.

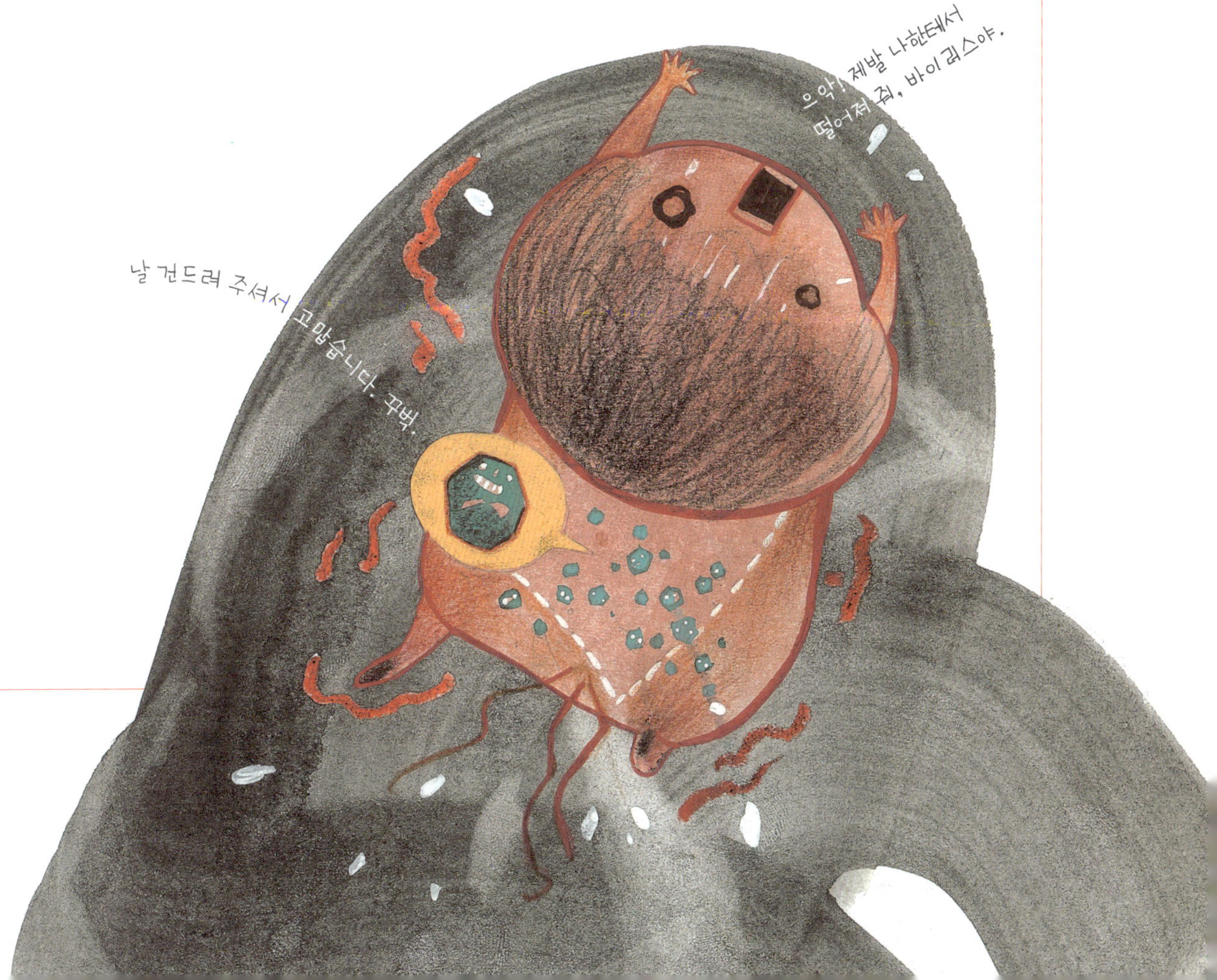

"음냐음냐, 이게 내 유전자야? 아님 장균이, 롱스 건가? 해롱해롱."

"꾸물아, 정신 차려! 그건 바이러스 유전자라고."

기가 막혀. 꾸물이는 몽롱한 가운데 바이러스 유전자들을 수없이 복제해 댔어요. 게다가 복제한 바이러스 유전자에 새로운 껍데기까지 둘러싸서 수백 개의 새로운 바이러스가 만들어졌어요.

"아니, 꾸물이가 왜 이렇게 변했지?"

"흑흑, 저건 이제 꾸물이가 아니야."

롱스와 내가 꺼이꺼이 우는 동안 새로 생겨난 바이러스들은 껍질만 남은 꾸물이를 박차고 밖으로 튀어나왔어요.

"아저씨, 미생물 회의에 우리도 가면 안 돼요?"

나는 꾸물이 몸에서 나온 바이러스들이 마치 꾸물이 자식처럼 느껴졌어요. 하마터면 '그래, 애들아!' 하며 덥석 안아 줄 뻔했다니까요. 큰일 날 뻔했어요. 꾸물이의 몸에서 나왔지만, 바이러스는 바이러스인데 말이에요.

박테리아와 달리 바이러스는 더 자라지 않는대요. 그러니까 얘들이 크기는 작아도 이미 어른 바이러스의 위력을 갖고 있다는 뜻이죠.

"안 돼, 저리 가! 멀찍이 떨어져."

“아유, 뭘 그러세용. 아저씨들의 그 튼튼한 망토에 붙어 가면 아무 문제없을 거라고용.”

애교까지 떠는 이 발칙한 꾸물이 자식들, 아니 바이러스들!

온몸이 쭈뼛했지만 뾰족한 수가 생각나지 않네요. 롱스와 나는 망토에 녀석들을 달랑달랑 매달고 미생물 회의장으로 향했답니다.

야! 우리도 미생물
회의에 간다.
행동은 항상 굼뜨던
꾸물이가 하필이면
바이러스를 재빨리
건드려 가지고…….
훌쩍.

천종식 박사님의 **내가 만난 미생물들 ❶**

세상 구석구석 숨어 있는 다양한 미생물들

안녕 친구들. 난 천종식 박사야. 내가 만나고 온 미생물을 현미경으로 본 모습을 소개하려고 나왔어. 우리가 책 속에서 만난 미생물이 어떻게 생겼고, 무엇을 먹고 어느 곳에 사는지 함께 알아볼까?

❶ 박테리아

몸 전체가 하나의 세포로 이루어져 있는 미생물로 지구상에서 가장 수가 많아. 우리에게 해로운 것도 있고 이로운 것도 있지만, 우리는 아직도 지구에 사는 대부분의 박테리아가 누구인지 모르고 있지.

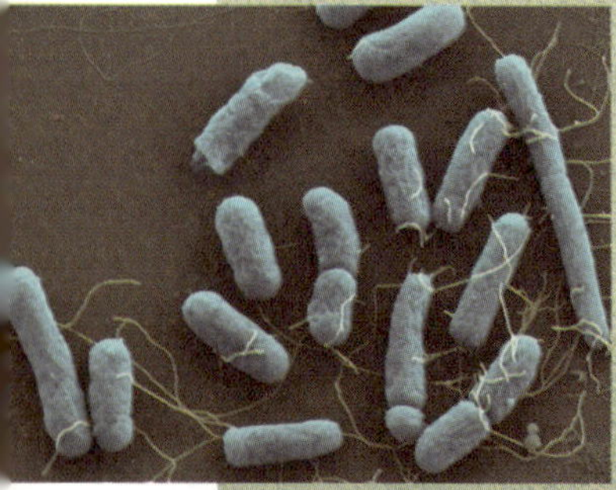

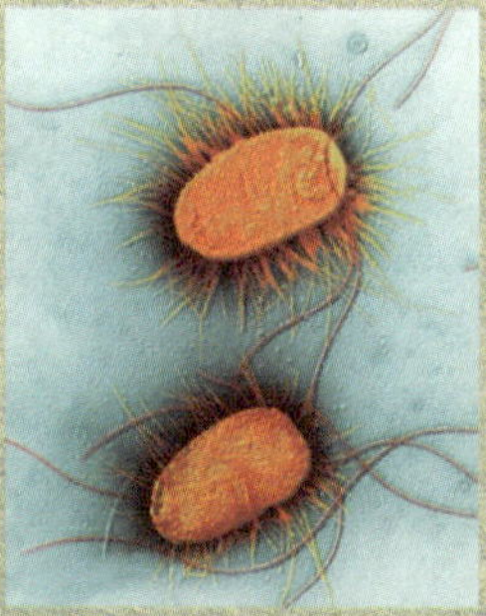

대장균

우리 몸속 대장에서 발견되어 '대장균'이란 이름이 붙었지. 대장균을 이용해 우리에게 필요한 약품을 만들 수 있는가 하면, O-157이라는 대장균은 사람을 죽이는 독을 가지고 있어. 사진처럼 대장균은 키가 제 각각이고, 긴 채찍 모양의 편모를 돌려서 빠르게 헤엄친단다.

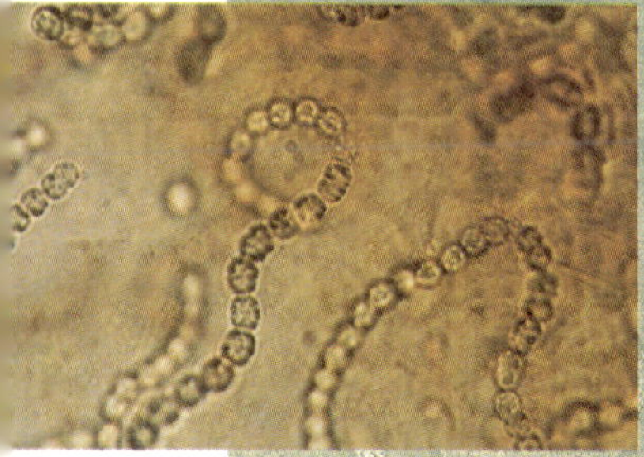

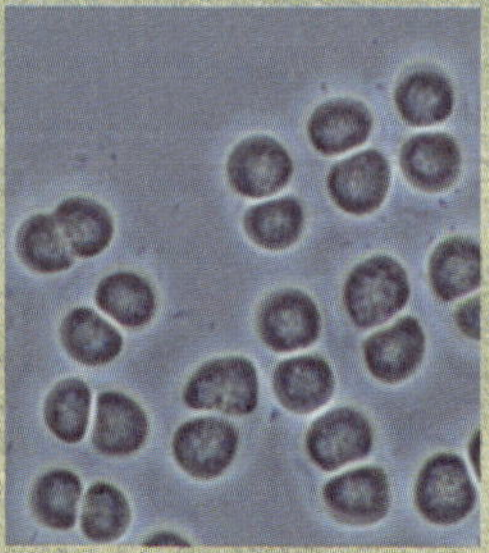

시아노박테리아

식물보다 훨씬 전에 지구에 나타나 처음으로 산소를 만들어 준 고마운 미생물이이야. 우리 주변의 호수나 강에서 사는 데, 긴 사슬 모양도 있고, 작은 공이 여러 개 뭉쳐 있는 모양 등 생김새가 다양해.

스트로마톨라이트

시아노박테리아를 비롯해 수억 년 전에 살던 미생물이 화석으로 된 것을 말해. 호주의 샤크만이란 바닷가에 가면 아직도 스트로마톨라이트가 만들어지는 것을 볼 수 있지.

❷ 아케아

아케아는 아주 살기 어려운 험난한 환경에서 사는 것이 많아. 100도가 넘는 뜨거운 물에서 살기도 하고, 우리의 이가 금방 녹아 버릴 정도로 산이 강한 물에서도 살 수 있지. 아케아의 수는 비록 박테리아보다 적지만 우리 지구를 지키는 중요한 파수꾼이야.

고온성 아케아

물이 펄펄 끓는 120도에서도 사는 아케아란다. 이런 아케아들은 주로 바다 깊은 곳에 있는 화산 근처에 살아. 고온성 아케아는 수십억 년 전부터 지금까지 줄 곧 이렇게 뜨거운 곳에서 살고 있단다.

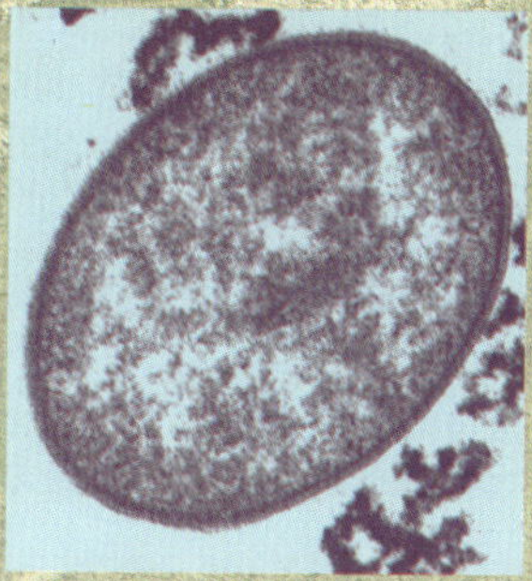

호염성 아케아

짠 것을 좋아한다는 뜻의 '호염성' 아케아야. 이름에서도 짐작할 수 있는 것처럼, 사해나 소금을 만드는 염전처럼 아주 짠 바다에 살고 있지. 우리 전통 음식인 젓갈에서도 발견되었대. 음식에 아케아가 들어가면 어떡하느냐고? 걱정 마. 아케아는 지금까지 한 번도 우리 몸에 질병을 일으킨 적이 없으니까.

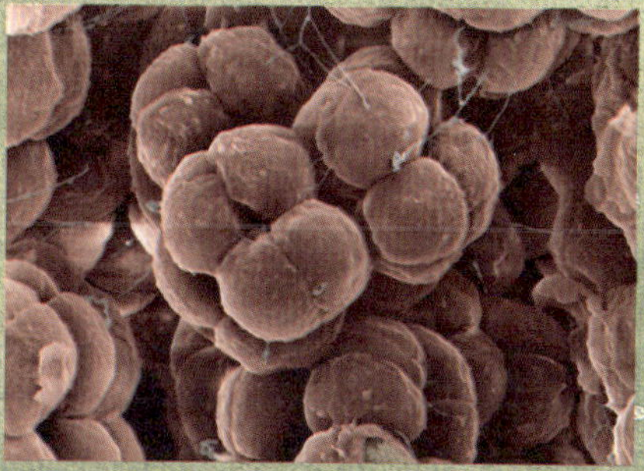

메탄 생성 아케아

산소가 없는 곳을 좋아하는 아케아야. 여러 종류가 있는데, 음식물이나 쓰레기를 분해해서 메탄을 만들기 때문에 메탄 생성 아케아라고 부르지. 갯벌과 강바닥에 살면서 우리가 오염시킨 바다나 강을 깨끗하게 만들어. 우리 대장 속에 살면서 방귀를 만드는 것도 바로 이 녀석들이야.

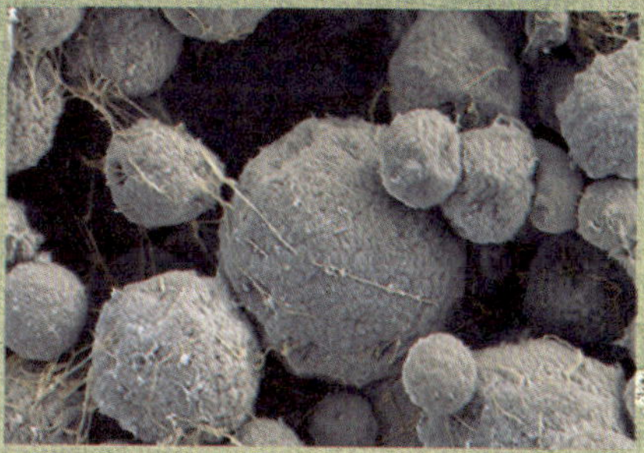

③ 원생생물

몸이 세포 하나로 이루어지고 스스로 운동하는 생물을 말해. 책 속에 나온 원생생물에는 아메바, 짚신벌레가 있고, 바닷속에 사는 원생생물인 플랑크톤이 있어.

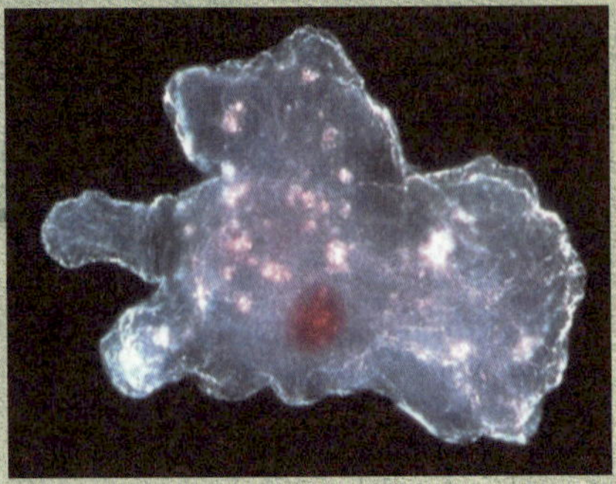

아메바

아메바의 몸은 젤리 같은 성분인 졸과 얇은 막인 겔로 이루어져 있어. 졸이 발처럼 삐죽 튀어나오면 겔이 그것을 따라 이동해서 움직여. 물속, 바닷속, 흙속 등 다양한 곳에 살고, 어떤 것은 동물의 소화기관에 사는 것도 있어.

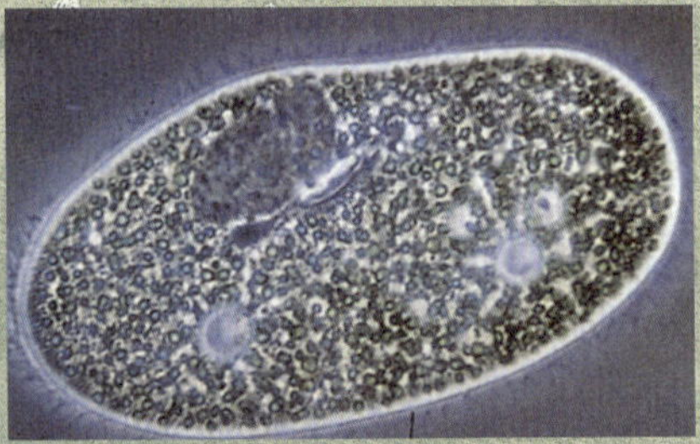

짚신벌레

몸은 길쭉한 동그라미처럼 생겼는데, 온몸에 섬모가 나 있어서 헤엄치듯이 섬모를 움직여서 이동해.

물속에 사는 원생생물, 플랑크톤

물에 둥둥 떠다녀. 맑은 물에 사는 녀석도 있고 바닷물에 사는 녀석도 있어. 몸속에 있는 색소를 가지고 스스로 영양분을 만들 수 있으면 식물 플랑크톤, 스스로 영양분을 만들 수 없고 다른 것을 먹어서 영양분을 섭취하는 것을 동물 플랑크톤이라고 하지.

동물성 플랑크톤

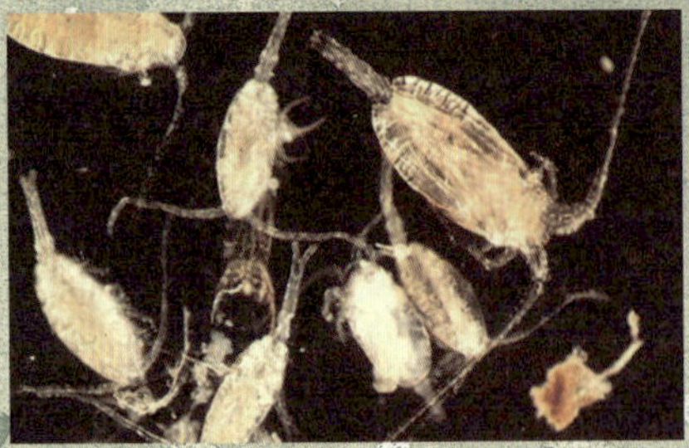

식물성 플랑크톤

❸ 균류

길쭉한 세포가 실처럼 가늘고 긴 모양의 균사로 자라다가 홀씨를 만들어 공기 중으로 날려서 번식해. 동물이나 식물에 붙어사는데, 꼭 생물이 아니더라도 어둡고 습기 차고 영양분이 적당히 있는 곳이라면 어디에든 붙어살지. 책 속에서 만난 균류 중에는 검은 곰팡이, 푸른곰팡이, 버섯 등이 있어.

홀씨가 다닥다닥 붙은 곰팡이

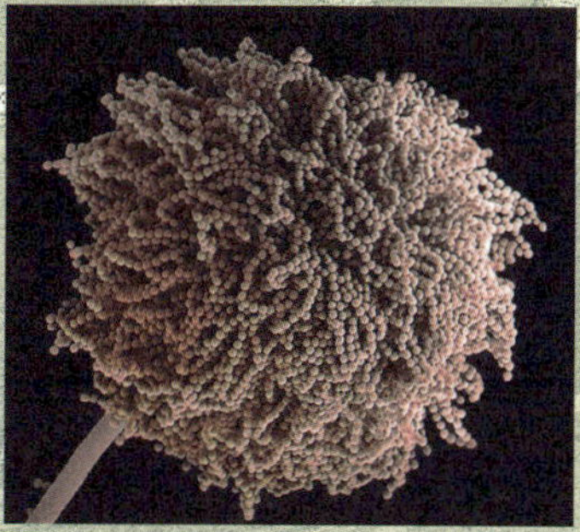

버섯을 만드는 균사

우리가 식탁에서 볼 수 있는 팽이버섯, 송이버섯, 느타리버섯처럼 독이 없는 것은 먹기도 하지만, 어떤 것은 독을 가지고 있어 사람이 먹으면 생명이 위태로워진단다.

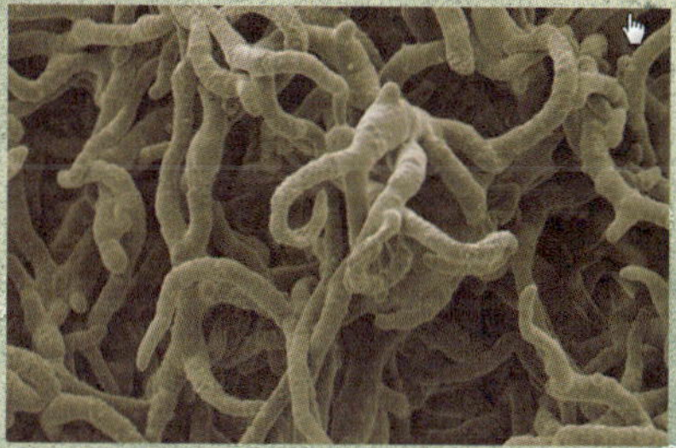

❹ 바이러스

미생물 중에서도 아주 작은 녀석으로 동 · 식물의 몸에 붙어살아. 엄밀히 말하면 완전한 생물이라 부르기는 어려워. 심지어는 같은 미생물인 박테리아나 곰팡이에도 기생해서 병을 일으켜. 사진은 대장균에 기생하는 바이러스인 박테리오파아지야.

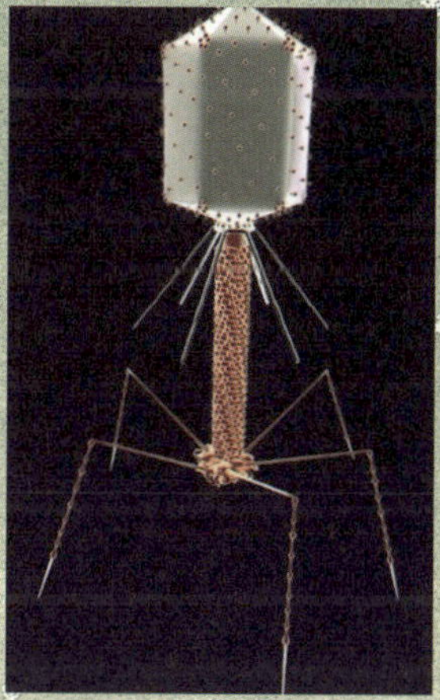

이로운 미생물 vs 해로운 미생물

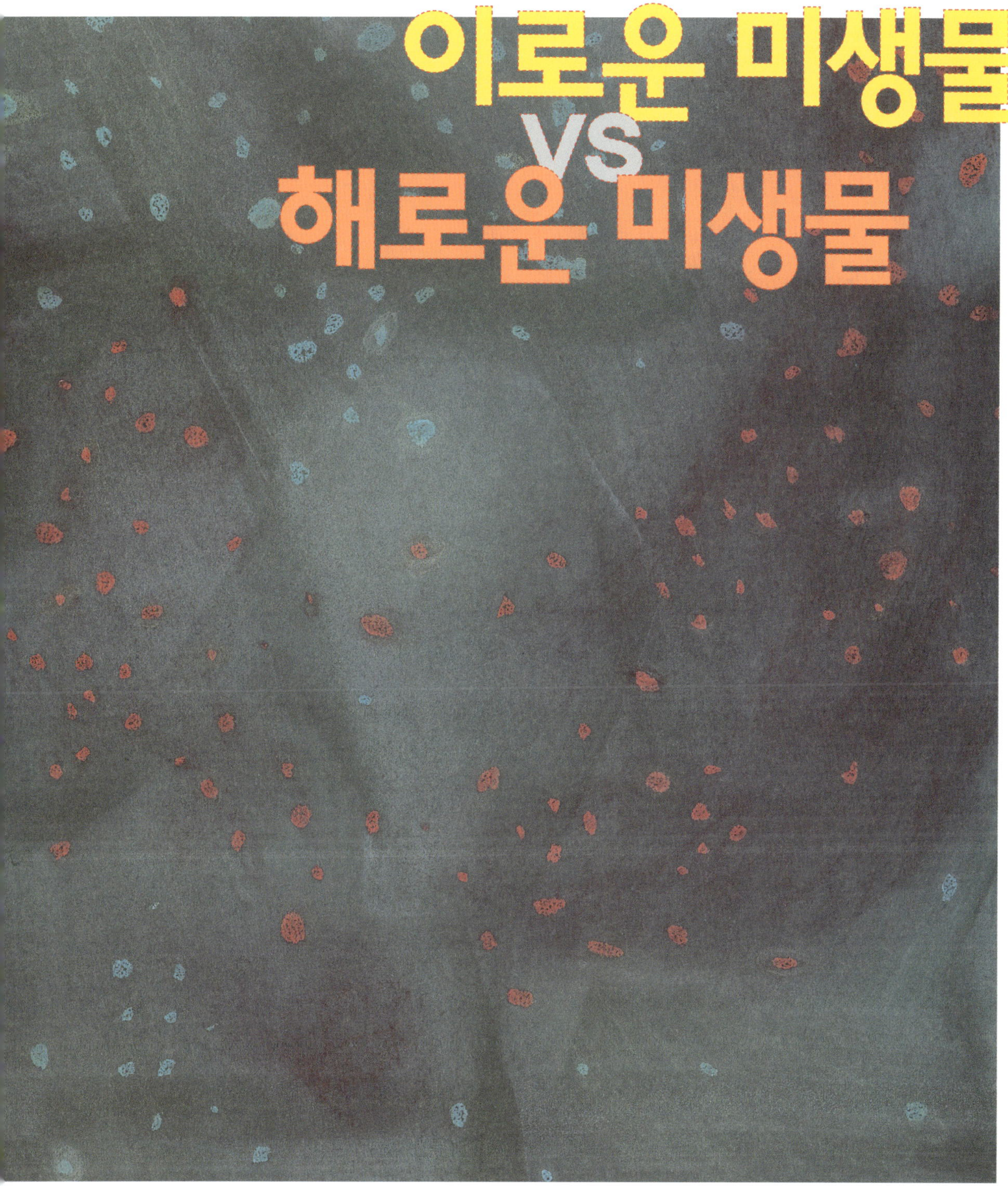

미생물 사냥꾼을 납치하라!

어, 힘들게 회의를 알리고 온 우리를 빼고 회의를 시작했나 봐요. 막 화가 나려고 하지만 우글우글 바글바글 많이 모인 미생물을 보니 용서가 되네요. 우리가 헛수고한 건 아니었어요.

"다 너희 덕분이다. 수고 많았다."

회장님은 우리를 많이 칭찬해 주셨어요. 그리고 꾸물이에 대해 궁금해 하셨지요. 우리는 울상을 지으며 뒤따라온 바이러스들을 가리켰습니다.

"저런, 망토가 있어서 괜찮을 줄 알았는데."

회장님은 안타까워하며 구석 자리를 가리켰어요.

〈바이러스 석〉

커다랗게 쓴 팻말이 보이네요. 주변엔 '접근 금지' 줄이 쳐 있고 말이에요.

"우리를 저렇게 뚝 떨어진 자리로 보내다니, 기분 나빠요!"

바이러스
아케아
미생물 사냥꾼을 부릅시다!
그래도 우리가 빠지면 안 되지.

쫑알거리는 바이러스들을 내려놓고 우리는 얼른 박테리아 자리로 왔어요.

그런데 우리가 자리에 앉자마자 누군가 이렇게 말하는 거예요.

"우리끼리 이렇게 떠들어댈 게 아니라 사람도 이 회의에 참석시킵시다!"

사람을 부른다니, 갈수록 태산이군요.

"하긴 사람들과 관계된 일이니 그것도 괜찮겠군요!"

터무니없는 의견이라 생각했는데 회장님까지 찬성하시네요. 그러자 이번에는 누구를 부를 것인가로 회의장이 아주 시끄러워졌어요.

"미생물 사냥꾼 천 박사가 어떨까요? 지난번에 남극에 와서 우리 아케아 족을 한 숟가락 푹 퍼간 사람이지요."

영하 수십 도에 이르는 남극까지 가서 미생물을 사냥하다니! 미생물의 매운 맛을 보여 줘야겠어요. 그래서 미생물 연합회는 '천 박사'를 회의에 참석시키기로 했답니다.

우린 긴 여행을 마치자마자 또 새로운 길을 떠나게 됐어요. 이번엔 사람을 데리러 말이지요.

도대체 천 박사님이 어디 계시는 거죠? 망토가 우리를 이리로 데려온 것을 보면 가까운 곳 어딘가에 계실 텐데 말이에요.

아, 저기 반가운 박테리아가 보여요. 롱스 같이 기다랗게 생겼네요.

"안녕?"

그런데 그 박테리아는 별로 안녕치 못한 것 같아요. 아주머니가 행주로 싱크대를 빡빡 문지르고 있으니 말이에요.

"흥, 죽어도 못 떨어져요. 나는 여기가 살기 좋다고요!"

박테리아가 기를 쓰고 붙어 있습니다.

"너 참 힘들게 살고 있구나. 혹시 천 박사님 못 봤니?"

"아니, 오늘은 못 뵈었는데. 보시다시피 난 바빠서 말이야. 헉헉."

부디 잘 버티기를…. 저러다 뜨거운 물이나 세제 한 번 뒤집어쓰면 그

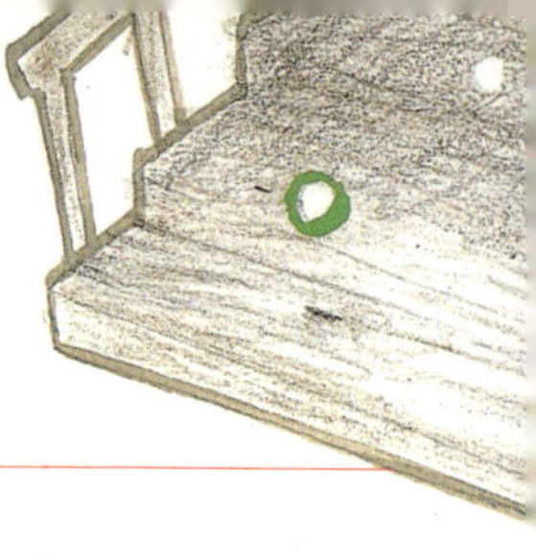

길로 박테리아 인생이 끝날 텐데, 매우 안타까워요.

우리는 그 박테리아를 뒤로하고 긴 복도를 지나 어떤 방으로 들어갔어요. 책상과 침대가 있는 방에 젊은 학생이 누워 한가하게 책을 보고 있습니다. "혹시 천 박사님 보셨어요?" 하고 물어보면 간단하지만, 아직 인간과 미생물이 대화할 수 있게 도와주는 기계가 발명되지는 않았답니다. 수많은 미생물이 사람과 함께 살고 있는데 서로 쉽게 의사소통할 방법이 있다면 얼마나 좋을까요.

책상 위에 바글바글한 박테리아들을 보세요. 침대 위는 어떻고요. 박테리아보다 훨씬 큰 먼지 진드기들이 사람 몸에서 떨어진 피부 부스러기들을 부지런히 먹고 있어요. 더럽다고요? 그래도 진드기한테는 영양분이 많은 맛있는 먹이랍니다.

이크, 방문에는 **감기 바이러스**가 호시탐탐 기회를 엿보고 있어요. 목이나 코를 통해 사람의 몸으로 들어가기만 하면 '바이러스 생' 성공하는 거라고 볼 수 있지요. 후후!

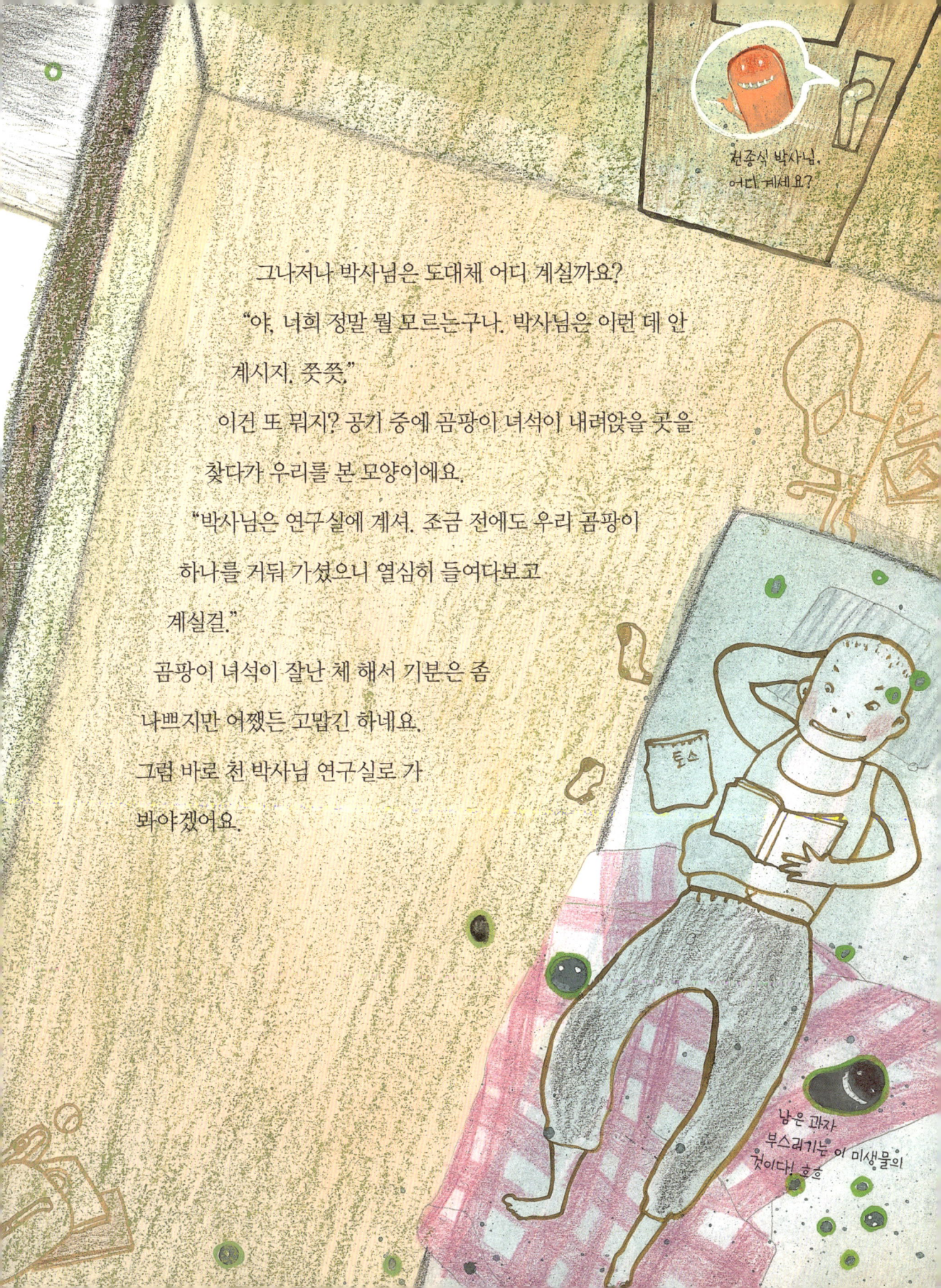

그나저나 박사님은 도대체 어디 계실까요?

"야, 너희 정말 뭘 모르는구나. 박사님은 이런 데 안 계시지. 쯧쯧."

이건 또 뭐지? 공기 중에 곰팡이 녀석이 내려앉을 곳을 찾다가 우리를 본 모양이에요.

"박사님은 연구실에 계셔. 조금 전에도 우리 곰팡이 하나를 거둬 가셨으니 열심히 들여다보고 계실걸."

곰팡이 녀석이 잘난 체 해서 기분은 좀 나쁘지만 어쨌든 고맙긴 하네요. 그럼 바로 천 박사님 연구실로 가 봐야겠어요.

"흠흠"

미생물 사냥꾼을 처음 만난다고 생각하니 조금 긴장이 돼요. 그런데 아무리 둘러봐도 커다란 책상과 책만 가득하고 박사님이 안 계시네요.

"야, 우리는 안 보이냐?"

아차, 수백 권의 책 속에 가득한 박테리아들한테 인사하는 것을 빼놓을 뻔했네요.

"미안, 천 박사님 찾는 일이 급해서 그만, 헤헤!"

"박사님이라면 옆방 실험실에 계셔."

친절한 박테리아들이군요. 거기다 미생물 사냥꾼의 방도 마다하지 않고 살아가는 저 용기, 끈기, 생명력! 롱스와 나는 연거푸 감동하며, 조심스럽게 실험실로 갔어요.

실험실은 과연 어떤 곳일까요? 혹시 미생물 해부를? 그렇다면 미생물 원정대의 이름으로 용서할 수 없지요. 하지만 '미생물 사냥꾼'이란 이름을 들으니 살짝 자신이 없어지네요.

실험실에 들어가자마자 의심스러운 곳이 눈에 띄었어요. 비닐 막으로 단단히 막아 놓은 공간이었어요!

"장균아, 여기에서 왠지 비밀의 냄새가 나는 것 같아."

롱스의 말처럼 이곳에 우리 미생물들을 가둬 놓는 것은 아닐까요? 우리는 용기를 내어 그 안으로 들어갔어요.

"윽, 숨 막혀. 망토, 망토!"

어휴, 산소가 전혀 없는 거 있지요. 저야 이런 곳이 괜찮지만 하마터면 롱스가 큰일 날 뻔 했어요.

"넌 우리랑 좀 다르구나. 우리에게 산소는 필요 없어! 질소만 있으면 되지. 질소는 천 박사님이 옆에 있는 상자를 통해 넣어 주기 때문에 여기서 사는 거야."

그렇다면 '위험! 무산소 아케아 배양기' 이런 주의 사항 정도는 적어 줘야 하는 것 아닌가요? 정말 예의들도 없으셔.

어쨌거나 아케아들의 편안한 얼굴을 보니, 천 박사님과 미생물 실험실을 괜히 의심한 것 같네요.

저기 하얀 가운을 입고 있는 분이 천 박사님인가 봐요. 책상 위에 현미경들이 놓여 있고 학생들과 말씀 중이세요.

아케아들에 따르면 현미경이라고 다 똑같은 현미경이 아니라고 해요. 눈으로 볼 수 없는 우리 같은 세균을 크게 확대해서 보여 주는 기능을

광학 현미경과 전자 현미경

사람의 눈으로 볼 수 없는 미생물이나 세포처럼 아주 작은 것을 크게 확대하여 관찰하기 위해 고안된 도구입니다. 광학현미경보다 전자현미경이 미생물이나 세포를 훨씬 더 자세하고 확대해서 보여 줍니다.

가진 현미경에는 광학 현미경★과 전자 현미경★이 있는데, 광학 현미경은 1천 배까지, 전자 현미경은 수만 배까지 확대할 수 있다네요. 보통 미생물은 광학 현미경으로도 관찰할 수 있지만, 바이러스같이 아주 작은 미생물은 전자 현미경으로만 관찰을 할 수 있는 거지요.

"박사님 오해해서 죄송해요!"

나는 얼른 사과드리고 정중히 모셔가려고 했어요.

그런데 갑자기 들려오는 이 소리는 뭐지요?

윙윙. 둥그런 통이 아주 빠르게 돌아가면서 내는 소리였어요. 에잇, 궁금한 건 못 참는다고요.

재빨리 통 안으로 들어가 보았어요.

"악, 박테리아 살려!"

아니 이게 무슨 짓이죠? 셀 수 없이 많은 미생물이 통과 함께 뱅글뱅글 돌아가고 있었어요.

이보세요. 천 박사님! 미생물은 탈수기 속의 빨래가 아니라고요.

그러나 야속한 통은 한 번, 두 번, 세 번…

어찌나 빨리 도는지, 1분 동안 만 번은 돌아간 것 같아요. 망토를 걸쳤는데도 이렇게 몸이 들썩거리니 다른 미생물들은 어떻겠어요. 통이 멈췄을 때 함께 있던 미생물들은 통의 바닥과 벽에 나가떨어져 납작해져 있었어요.

잠시 후 통이 열리고 만족스러운 목소리가 들려왔어요.

"미생물들이 원심분리기에서 잘 분리되었군. 극저온 냉동고에 잘 보관 하도록 해요."

'−84℃'라고 씌어 있는 냉동고 안에는 잘 포장된 미생물들이 차곡차곡 쌓여 있었어요. 이렇게 미생물을 보관해 놓고 필요할 때마다 꺼내 실험을 하시는군요. 게다가 한쪽에는 '고압 멸균기'까지 있었어요. 멸균! 저도 이 말의 뜻은 알아요. 세균을 죽인다는 뜻이지요.

'121℃ / 15분'

121도에서 15분을 작동시켜라. 사용법도 친절하게 적혀 있네요. 실험이 끝나면 우리 미생물을 완전히 없애신단 말씀이군요. 화가 부글부글 끓어올라

참을 수가 없었어요.

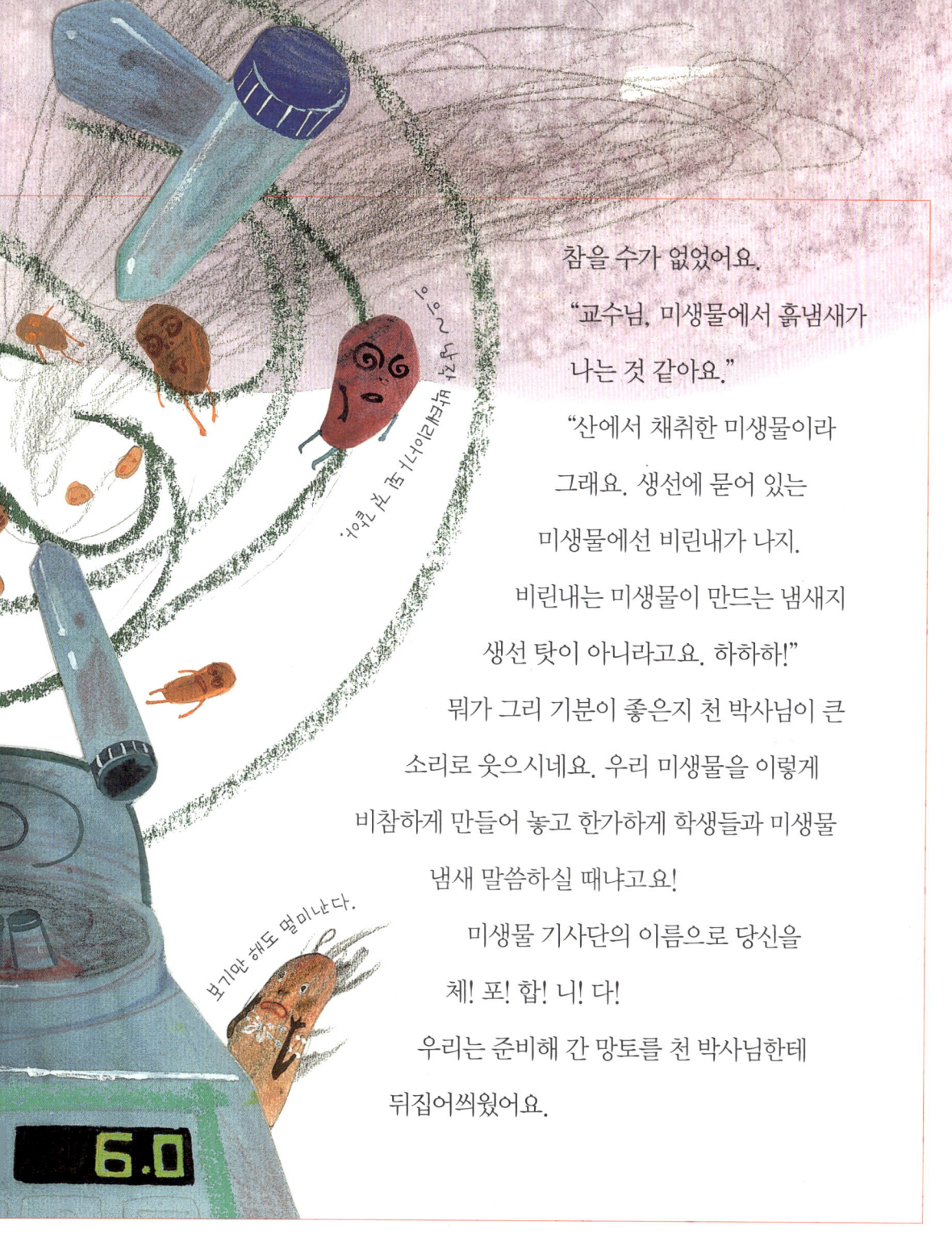

"교수님, 미생물에서 흙냄새가 나는 것 같아요."

"산에서 채취한 미생물이라 그래요. 생선에 묻어 있는 미생물에선 비린내가 나지. 비린내는 미생물이 만드는 냄새지 생선 탓이 아니라고요. 하하하!"

뭐가 그리 기분이 좋은지 천 박사님이 큰 소리로 웃으시네요. 우리 미생물을 이렇게 비참하게 만들어 놓고 한가하게 학생들과 미생물 냄새 말씀하실 때냐고요!

미생물 기사단의 이름으로 당신을 체! 포! 합! 니! 다!

우리는 준비해 간 망토를 천 박사님한테 뒤집어씌웠어요.

"자자, 조용히들 하세요."

회의장에 사람이 들어서자 미생물들이 난리가 났어요.

"어머, 정말 사람이에요. 사람을 데려왔어요."

"저 미생물 사냥꾼을 본 적이 있어요. 갯벌까지 들어와서 수많은 미생물을 잡아갔다고요!"

천 박사님은 조금 놀라셨겠죠? 조금 전까지 실험실에 있었는데 느닷없이 이 꼬물꼬물한 미생물들 사이로 떨어졌으니 말이에요.

그게 다 이 장균이 솜씨지요. 우리가 바로 천 박사님이 마음대로 실험하던 그 미생물들이란 걸 알게 되면 아마 기절초풍하겠지요?

"천 박사, 미생물을 대표하여 미생물 회의 참석한 것을 환영합니다!"

"아니, 그럼 내가 지금 미생물들 사이에 앉아 있단 말씀입니까?"

순간 어리둥절했던 천 박사님의 눈이 반짝 빛났어요.

"맞아요, 어디선가 많이 본 생물이라는 생각이 들었어요. 하하하 늘 보던 미생물들이었군요."

보통 사람들은 미생물을 되게 싫어하는데 천 박사님은 오히려 미생물들을 쭉 훑어보시네요. 역시 대단한 미생물 사냥꾼이군요. 게다가 우리를 만난 천 박사님의 얼굴에 기쁨과 감동까지 어리는 것 같아요.

우리 예상은 이게 아닌데…. '놀란 천 박사, 그동안 미생물들에 행한

한꺼번에 이렇게 많은 미생물을 만나다니!

만행을 반성하다!' 이렇게 돼야 하는 거 아닌가요?

"미생물과 직접 대화하는 날이 오다니, 그동안 열심히 연구한 보람이 있군요. 이렇게 미생물들을 잔뜩 모아 놓고 실컷 보고 싶었다고요."

천 박사님은 신이 나서 미생물들을 살펴보느라 정신이 없었어요. 아마 우리가 이렇게 빙 둘러싸고 있지 않았더라면 "아유! 요 귀여운 녀석들!" 하고 쓰다듬기라도 할 태세예요. 하지만 천 박사님도 조심해야 해요. 순간 이동을 하면서 천 박사도 우리 미생물만큼 아주 작아졌으니까요.

갑자기 천 박사님이 멈칫했어요. 시선을 따라가 보니 거기엔 바이러스가 있네요. 회의 소식을 들었는지, 꾸물이 몸에서 나온 바이러스 말고도 새로운 바이러스들이 많이 와서 앉아 있습니다.

"위험한 바이러스들이 꽤 있군요. 제 자리는 되도록 바이러스에서 멀리 떨어뜨려 주세요."

"미생물 사냥꾼이라면서 미생물이

무서운가요? 미생물 사냥꾼이 하는 일이 대체 뭡니까? 나같이 미생물을 잡아먹나요?"

아메바가 흐물거리는 몸을 추스르며 말했지요.

"천만에요, 미생물을 연구하는 사람들을 미생물 사냥꾼이라고 부르는 겁니다."

높은 산은 물론이고, 땅속 깊은 곳, 몹시 추운 극지방까지 마다하지 않고 탐험하며 미생물을 채취하러 다니기 때문에 '사냥꾼'이란 말이 붙었대요. 하긴 어떤 아케아는 바다 밑 2천 미터에서 끌어올린다니 사냥도 보통 사냥은 아니겠군요.

"우리가 여러분을 총으로 '빵' 쏴서 잡는 사냥꾼인 줄 아셨습니까? 하하하! 미생물 사냥꾼은 항생제 같은 치료제를 얻기 위해 미생물을 연구합니다."

"그럼 사람을 위해서 미생물을 이용한다는 말 아닙니까?"

"사람들을 위해서 우리를 희생시키는 거군요!"

미생물들이 여기저기서 불만을 쏟아 냈어요.

"꼭 그렇게만 볼 문제는 아닙니다. 나는 여러분이 지구에서 가장 먼저 생겨난 생물로 오랜 역사와 전통을 가진 종족임을 잘 알고 있습니다."

오, 천 박사님! 연구만 잘하시는 줄 알았더니 말씀도 정말 잘하시네요. 시끌시끌하던 회의장이 금세 잠잠해졌으니 말이에요. 나까지 천 박사님한테 넘어갈 뻔했어요. 절대 안 될 말씀이죠. '실험실 사건'을 결코 잊을 수 없다고요. 흥!

"여러분의 전통과 지혜를 인간에게 빌려 준다고 생각해 보십시오."

천 박사님이 한 마디를 하자 회장님까지 끄덕끄덕했고 모든 미생물이 박수를 힘차게 보냈어요.

어어 이러면 안 되는데…, 나는 벌떡 일어났어요. 미생물 실험에 대해 따져야지요.

그런데 내가 말하려는 순간 난데없이 노랫소리가 들려왔어요!

"랄랄라랄랄라! 랄라랄랄라!"

어휴, 하필 이때에 엄숙한 회의장에 웬 노랫소리냐고요?

모두 소리가 나는 쪽을 바라보았어요.

“살아서 장까지 헛둘! 헛둘!”

엥? 한 무리의 유산균들이 회의장으로 행진했어요. 분위기 파악은커녕 동그란 캡슐을 하나씩 뒤집어쓰고 노래를 부르다니, 예의를 모르는 미생물들이군요. 우선 이 유산균들부터 얼른 회의장 밖으로 몰아내야겠어요. 같은 박테리아라고 해서 절대 봐주지 않을 거라고요. 나한테는 회장님을 도와 무사히 회의를 마칠 임무가 있으니까요.

그런데 유산균들이 절대 나갈 수 없다는 거예요. 자신들은 이 회의에 참석할 자격이 충분히 있다나요?

"우리는 요구르트에 들어 있는 '유산균 캡슐부대' 대원들이라고요. 사람의 장까지 무사히 도착하는 훈련 중에 회의 소식을 듣고 달려온 거란 말이에요!"

그런 줄도 모르고 막무가내로 쫓아내려고 했으니 정말 미안한걸요.

"우리가 입은 캡슐은 요구르트 회사에서 새로 맞춰 준 거예요. 산성도 높은 위를 통과하려면 꼭 필요한 옷이라고요."

오, 정말 기발한 방법이군요. 사람의 위는 강력한 소화효소가 나오기도 하지만 산성도가 매우 높기로 유명해요. 바로 음식과 함께 들어온

우리 요구르트 유산균은 사람들이 만들어 준 캡슐 덕분에 무사히 장까지 살아서 갈 수 있게 됐어요.

미생물들을 죽이기 위해서지요. 실제로 미생물 대부분은 위산에 견디지 못하고 녹아 버려요. 정말 무시무시한 곳이지요. 그런데 저 캡슐만 있으면 위에서 죽지 않고 장까지 갈 수 있단 말이잖아요.

사실 사람의 장에는 가장 많은 미생물이 살고 있어요. 또 그곳의 미생물들은 사람을 위해 중요한 일을 하고 있고요. 사람들이 스스로 만들 수 없는 비타민도 만들어 주고, 소화를 도와 영양분도 잘 섭취하게 해 주지요. 그래서 사람들은 건강에 좋은 유익한 균을 장에 많이 넣어 주고 싶어서 요구르트를 마신답니다. 물론, 대부분의 어린이는 새콤달콤한 맛이 좋아 요구르트를 자주 먹겠지만요.

"이제 우린 무사히 장에 도착할 겁니다! 랄랄라랄랄라 랄라랄라라."

캡슐 부대 유산균 대원들이 씩씩한 노래와 함께 밖으로 나가자 이번에는 김치 유산균들이 일어났어요.

"**요구르트 유산균**이 서양에서 왔다면 오랫동안 한국인의 건강은 이 **김치 유산균**이 지켜왔지요."

김치는 밥을 주식으로 하는 한국 사람들에게 매우 중요한 음식이에요. 기의 끼니마다 김치를 먹으니까요.

김치를 처음 담글 때는 그 속에 다양한 미생물이 들어 있지만 먹기 좋게 익을 때쯤이면 김치 안의 산성도가 높아져 다른 미생물들은 살 수 없다고 해요. 단, 유산균은 빼고 말이지요.

그러니까 한국 사람들은 몸에 좋은 유산균을 음식으로 충분히 먹는 셈이네요.

"맞습니다! 더욱이 요즘은 새로운 김치 유산균들이 속속 발견되고 있어 아주 기대가 큽니다. 여러분, 이 자리에 한국의 김치를 발전시킬 '김치아이' 유산균이 와 있습니다."

김치 독 안에서는 우리 김치아이만 살아남는다고!

천 박사님이 자랑스럽게 소개하자, 미생물들은 신세대 김치 유산균,
김치 아이에게 우렁찬 박수를 보냈어요.
김치에 든 여러 유산균들은 다양한 항생제를 만들 수 있을 뿐 아니라,
식중독균을 죽이는 효과도 있대요. 머지않아 김치는 사람들에게 식품
이상의 일을 해 줄 수 있을 것 같아요. 그러면 우리 미생물에 대한 감정도
더 좋아지겠죠?
"미생물들이 이렇게 좋은 일을 하고 있다니, 정말 기쁘군요. 앞으로
김치아이의 활동을 기대합니다!"
회장님도 매우 흐뭇해하셨어요.

우리는 미생물 요리사 효모, 고초균, 치즈 발효 유산균

유산균이 회의장에 모인 미생물들한테 우레와 같은 박수를 받자, 음식을 만들어 내는 다른 미생물들도 사람들에게 좋은 일을 하고 있다고 떠들어 댔어요.

"우리만큼 오랫동안 사람과 친하게 지낸 미생물이 있을까요? 우린 신석기 시대부터 사람들에게 술을 담가 줬어요. 흠!"

그렇게 오래전부터 요리했다면 술을 발효시키는 **효모**는 혹시 지구 최초의 미생물 요리사가 아닐까요? 더구나 술은 지금까지도 사람들이 즐겨 마시고 있잖아요. 아마 미생물이 만든 발효 식품* 중 전 세계에서

발효 식품

다양한 미생물이 산소가 없는 상태에서 탄수화물 영양분을 분해하여 에너지를 얻고, 알코올이나 유기산, 탄산가스(음식에 섞인 톡 쏘는 기체) 등을 만드는 작용을 발효라고 하고, 이를 통해 만들어진 술이나 치즈, 된장, 간장, 김치 등을 발효 식품이라고 합니다.

가장 인기가 많은 식품일걸요.

"와, 짝짝짝."

"박수까지 받으니 좀 쑥스럽군요.

사실 처음부터 사람들을 위해서 한

일은 아니어서…."

우리 미생물의 역사는 자기 살려고 노력하다가 보니

사람들에게 도움을 주게 된 일이 많아요. 효모도 산소가

없을 때 살 길을 찾다 보니 발효를 하게 되었대요.

지구 대부분의 생물은 산소를 이용해 숨을 쉬어요.

당연히 산소가 없으면 죽고 말지요. 그런데 효모와

우리 대장균은 재빨리 발효해서 겨우 살 수 있어요.

이때 효모가 내쉬는 숨이 이산화탄소가 되지

못하고 알코올이나, 유산, 초산과 같은

다양한 물질이 되는데, 그로 말미암아

많은 음식이 만들어졌다는 거예요.

그동안 대장균은

뭐했느냐고요? 우리는

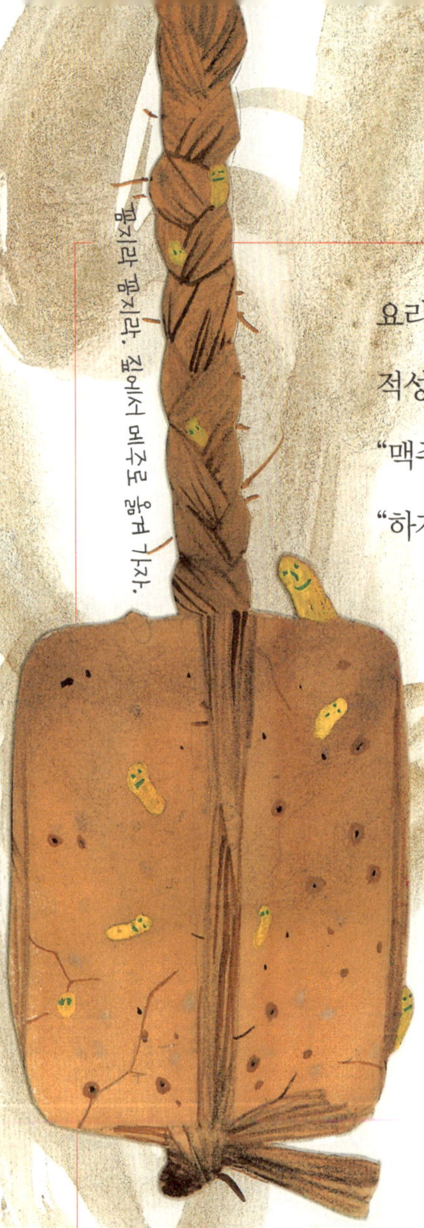

꼼지락 꼼지락. 짚에서 메주로 옮겨 가자.

요리에 영 소질이 없어서요. 미생물도 다 소질과 적성에 맞게 살아가는 거라고요.

"맥주, 소주, 위스키… 우린 못 만드는 술이 없어요!"

"하지만, 술을 마신 사람 중에는 실수하거나 나쁜 짓을 하는 사람도 있잖아요. 그러고도 사람들에게 잘한 일이라고 할 수 있나요?"

몇몇 미생물이 효모를 비판했어요. 그러자 회장님이 허허 웃으며 말씀하셨지요.

"그거야 사람들이 술을 적당히 마시지 못해서 생긴 일이지, 효모의 잘못은 아닌 것 같군요."

효모에 이어 말을 시작한 것은 메주에 사는 **고초균**이었어요. 고초균은 한국 사람의 전통 음식인 장의 발효를 담당하는 유능하고 성실한 박테리아예요.

"우리는 원래 땅에 살았어요. 그러다가 벼를 수확할 때 볏짚에 묻어갔지요. 사람들은 콩을 삶아서 네모난 모양으로 메주를 만들어요.

그리고 볏짚으로 싸서 지붕에 매달아 둔답니다. 그때 바로 우리가 메주로 옮겨 가서 콩을 발효시키지요. 우리 없이는 간장도 된장도 담글 수 없다고요."

"어머! 볏짚에 메주까지…. 좀 촌스러우시다."

꼭 이렇게 호들갑 떠는 미생물이 있다니까요. 치즈 발효에 쓰이는 유산균이 자신은 주로 세련된 입맛을 가진 도시인들의 건강을 책임지고 있다고 잘난 체를 하고 있어요. 하지만 치즈가 어떻게 만들어졌는지 따져 보면 저렇게 뽐 낼 처지는 아니랍니다.

치즈는 서양의 농촌에서 수확한 우유를 발효시킨 식품이거든요. 영양가 높은 식품으로 도시인들이 편리하게 이용하긴 하지만 **치즈 발효 유산균**도 엄연한 농촌 출신인거죠.

요즘은 웰빙 시대라서 된장과 간장, 청국장과 같이 고초균이 분해한 메주로 만든 식품이 얼마나 인기가 많은지를 모르는가 봐요.

된장, 청국장의 냄새가 향기로운 건 아니지만

그래, 바로 이게 장맛이야!
흐흐흐, 우리가 만든 장이다!

영양분 풍부하고, 소화 잘 되게 하고, 장 튼튼하게 하고, 맛도 좋으니 이만한 식품을 어디 가서 찾을 수 있겠어요. 모두 다 우리 미생물 요리사의 크나큰 업적이죠.

잠깐! 그러고 보니 이거 더 분한 생각이 드네요.

나는 때를 놓칠세라 큰 소리로 천 박사님께 말했어요.

"박사님! 미생물들이 이렇게 사람들을 위해 애쓰고 있는데 몹쓸 실험이나 하고 너무하시는 거 아니에요? 저 아까부터 정말 많이 참았다고요."

내가 씩씩거리며 따지자 천 박사님은 좀 난처한 모양이에요.

"장균아, 네 기분은 이해한다. 그리고 물론 많은 미생물이 인간에게 도움을 주고 있지. 하지만 해를 주는 미생물도 있지 않니? 그러니까 연구의 목적은…."

"사람들도 만만치 않다고요!"

어, 이건 또 누구지요? 누가 또 사람들에게 이렇게 화가 나 있을까요?

충치 균은 배고프다 무탄스 균

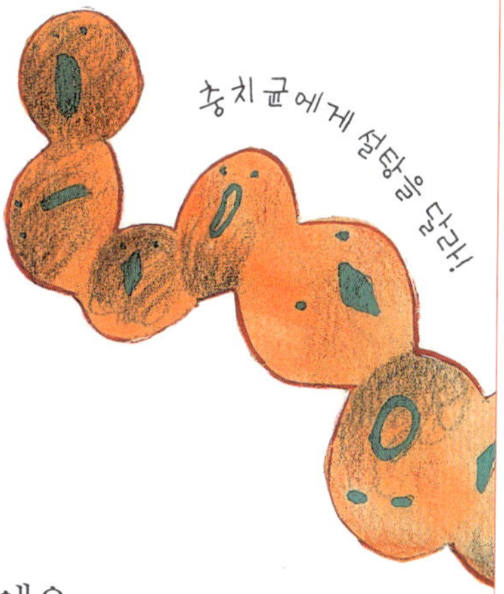

아, 사람의 입속에 사는 **무탄스 균**이에요.

따뜻하겠다, 때 되면 온갖 먹을 것이 다 들어오겠다, 미생물 친구들 그득하겠다, 입속이야말로 미생물 천국이지요. 그 안에서 무탄스 균은 설탕 같은 영양분을 끈적거리는 물질로 바꾸어서 이에 찰싹 들러붙는답니다. 그다음 침착하게 사람의 치아를 공격해서 서서히 썩게 하지요.

그런데 아무 걱정 없이 살 것 같은 무탄스 균이 무슨 할 말이 있을까요? 아직 충치를 예방하는 약이 개발되었다는 소리는 못 들었는데 말이에요.

"아무도 우리 속사정은 모를 거라고요. 흑, 우리는 요즘 사람들에게 계속 속아 넘어가고 있어요."

사람이 미생물을 속인다고요?

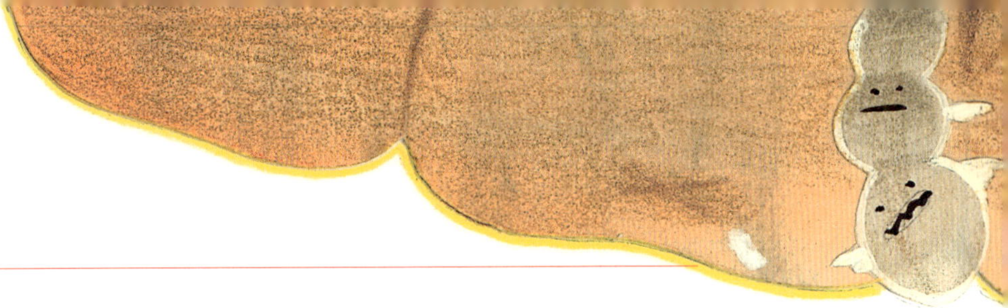

"글쎄, 설탕 대신 자일리톨이라는 이상한 당분을 먹어서 우리를 헷갈리게 하지 뭐예요."

"맞아요! 나는 그게 설탕인 줄 알고 얼마나 많이 먹었다고요."

여기저기서 무탄스 균들이 하소연을 했어요.

자일리톨은 맛도 성분도 어찌나 설탕과 닮았는지 감쪽같다는 거예요. 그래서 덥석덥석 받아먹었는데 배고픔이 가시지 않아 결국 굶어 죽는 무탄스 균들이 날로 늘고 있다네요. 무탄스 균은 배부른 채 굶어 죽는 기분을 알기나 하느냐면서 억울함을 호소했어요.

세상에 정말 너무 하네요. 사람들은 실컷 단맛을 즐기고 충치 균들을 굶겨 죽였다는 이야기잖아요.

"그게, 치아는 사람에게 아주 소중하다 보니 어쩔 수 없이…."

천 박사님도 미안했는지 좀 작은 소리로 말했지요.

"그래도 비겁하잖아요. 우리는 얼마나 양심적인데요. 사람들이 설탕을 먹어도 우리는 1분 30초나 기다려준다고요! 그 안에 이를 닦으면 충치 절대 안 생기거든요."

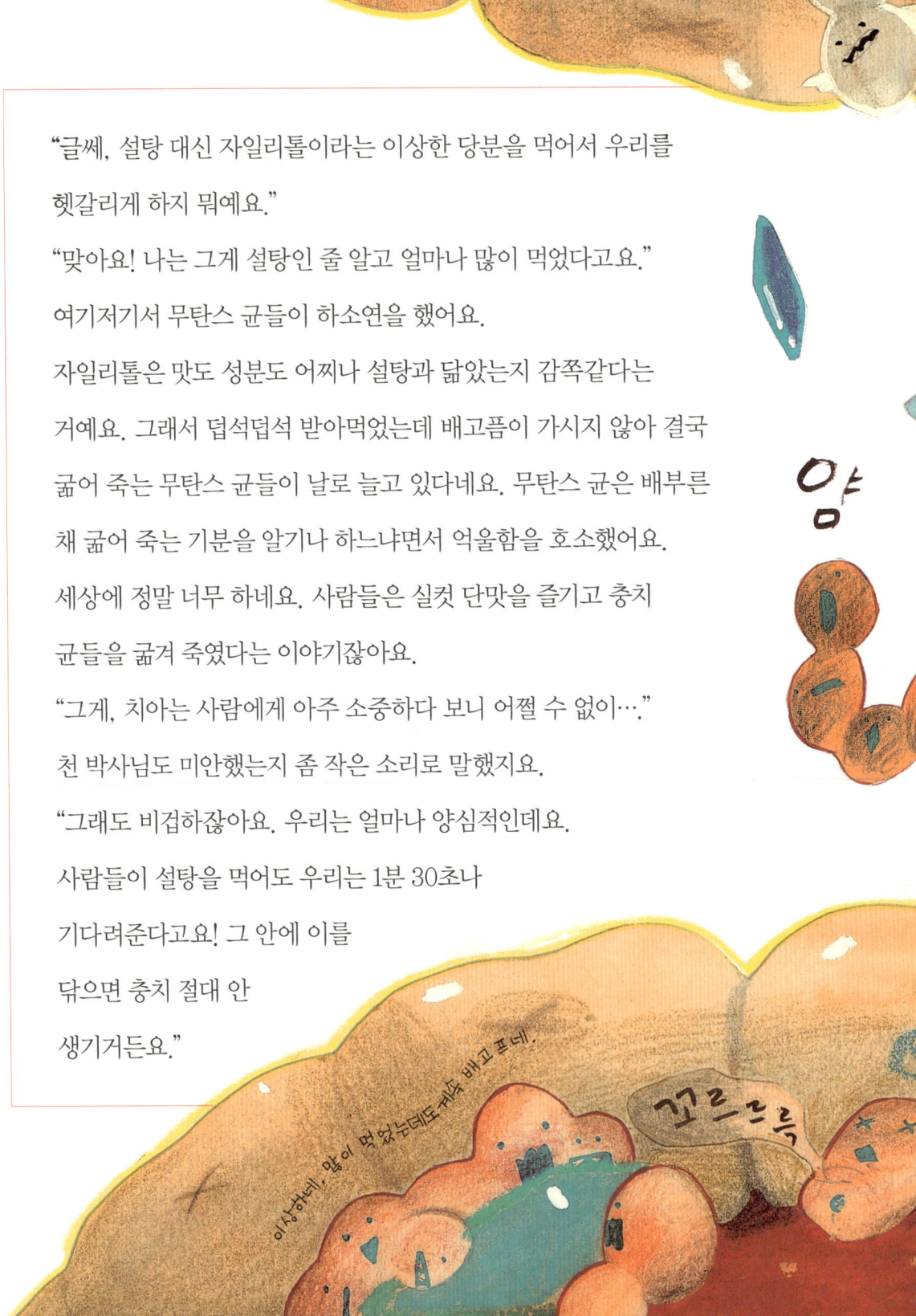

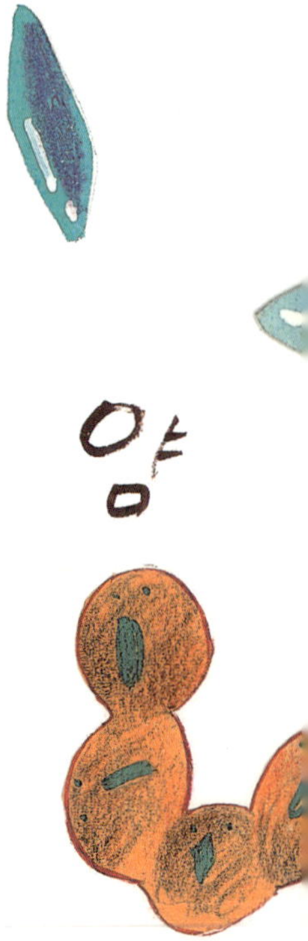

1분 30초를 기다린다고 해서

양심적이라고 할 수 있을까요? 같은

미생물이지만 이건 좀 억지스럽다.

그때 걸걸한 말소리가 들려왔어요.

나의 죽음을 적에게 알리지 마라 헬리코박터 파일로리

"거, 그만들 하쇼! 그러니까 머리가 나쁘면 나처럼 힘을 길러요. 힘! 사람들 탓하지 말고."

요즘 부쩍 신문과 방송에서 많이 다루어지는 **헬리코박터**였어요. 헬리코박터가 큰소리 친 대로 강한 미생물인 것은 맞아요. 다른 미생물은 견딜 수 없는 사람의 위 속에서 살아가니까요. 하지만 헬리코박터의 말이 모두 맞는 건 아니라고요.

현상수배

범인 헬리코박터 파일로리 (일명 헬리코박터)

위에 사는 병원성 미생물로 위염과 위암을 일으킨 것으로 짐작됨.

감염이 의심되면 내과에 신고 바람.

이 경고문처럼 사람들이 미생물에 관심을 둘 땐 좋은 일보다는 나쁜 일일 때가 훨씬 많다는 걸 헬리코박터도 모르지는 않을 텐데 우쭐해서 하는 소리라니.

그래도 한 가지 궁금한 점이 있기는 해요. 모든 미생물은 강한 위산에 녹아 버리는데, 저들은 어떻게 위 속에서 살아남을 수 있었을까요?

"미생물도 머리를 써야지! 먼저 우리는 산성도가 낮은 위 벽의 안쪽으로 파고들어 그 안에서 삽니다. 절대로 위 벽 바깥으로는 안 나가죠!"

뿐만 아니라 헬리코박터들은 동료를 구하기 위해 목숨을 아까워하지 않았대요. 헬리코박터의 몸에는 암모니아를 만드는 요소 분해 효소*가 있어서 위산을 중화시킬 수 있대요. 일부 헬리코박터들이 먼저 죽으면서 효소를 몸 밖으로 내놓으면 남은 헬리코박터들은 그 효소를 몸에 두르고 살아남았다고 해요. 일명 '자살특공대'라고나 할까요? 이걸 머리를 제대로 썼다고 해야 할지, 무모하다고 해야 할지 모르겠지만

요소 분해 효소

요소는 동물이나 미생물이 만드는 배설물입니다. 오줌에 많이 들어 있지요. 요소 분해 효소는 요소를 분해해서 암모니아를 만들어요. 이 암모니아가 위산을 중화시켜 헬리코박터를 보호한답니다.

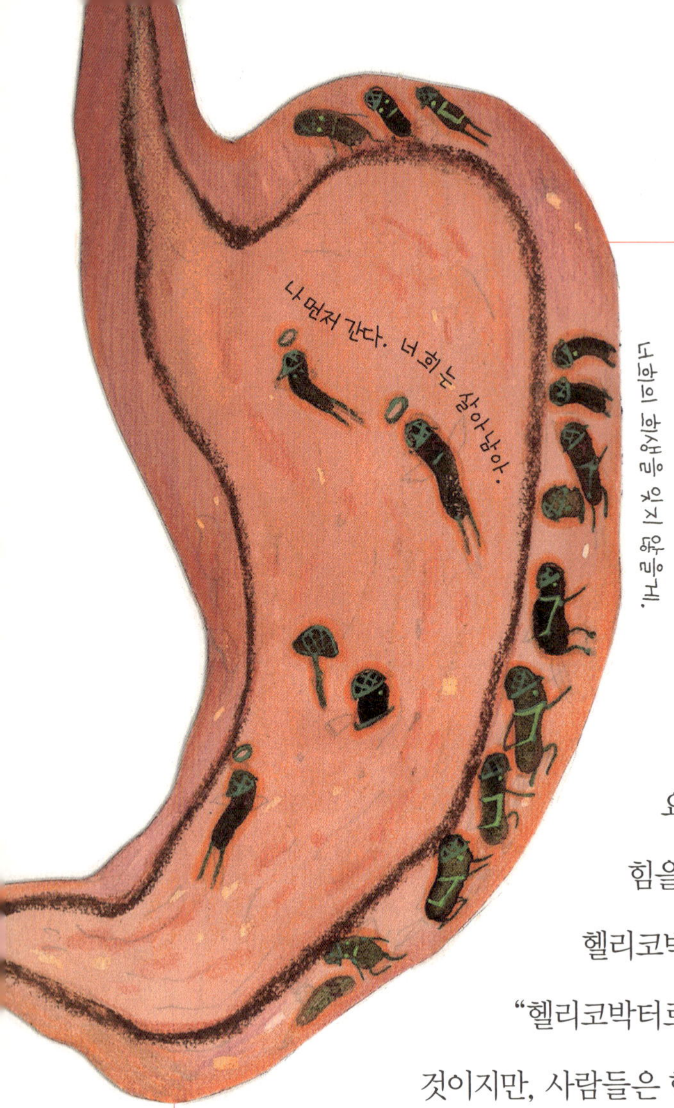

동료의 희생으로 살아남은 헬리코박터들은 오늘도 꿋꿋하게 위에서 잘 버티고 있다고 해요.

"전우의 시체를 넘고 넘어 앞으로 앞으로. 흑, 오늘따라 먼저 간 동료가 너무 그립네요."

요소 분해 효소 방패만 두르면 넘치는 힘을 어쩔 수 없다는 걸 보니, 왠지 헬리코박터가 전쟁 영웅 같아 보입니다.

"헬리코박터로서는 살아남으려고 방법을 찾은 것이지만, 사람들은 헬리코박터들에게 유감이 많겠군요."

회장님은 마음이 편치 않은 듯 말씀했어요.

"걱정 마십시오, 회장님. 헬리코박터 때문에 생긴 병은 치료약이 있으니까요. 문제는 치료약이 개발되지 않은 병들이지요. 미생물이 일으키는 새로운 병들이 인간을 위협하고 있으니까요!"

"바로 그겁니다. 내가 궁금한 게 바로 그거에요. 도대체 사스니 조류 인플루엔자니 광우병 같은 무서운 병들은 누가 일으킨 겁니까? 미생물 여러분! 정말 여러분이 한 일 맞습니까?"

회장님의 목소리가 점점 높아졌어요. 회의장 분위기도 심각해졌지요. 누가 인간 세상을 시끄럽게 한 걸까요. 그것이 이번 회의를 소집하게 된 이유인 만큼 회장님은 미생물의 명예를 실추시킨 주인공을 찾아야겠다고 말씀하셨어요.

가끔 말썽을 피우는 미생물도 있었지만, 그동안 미생물 종족은 사람들을 도와주면서 평화롭게 살았는데, 사람들을 고통스럽게 하고 생명까지 위협하는 짓을 하는 미생물이라니….

도대체 누굴까요?

험험. 이런 병을 일으키는
미생물이 도대체 누굽니까?

잠깐 회의장은 찬물을 끼얹은 듯 조용했어요.

"좋아요. 사실을 밝히지요. 우리가 그랬어요!"

한동안 조용하던 바이러스 석에서 또박또박 말소리가 들려왔어요.

역시, 바이러스들이었군요. 그런데 뭘 잘했다고 저렇게 당당하지요?

"하지만, 우리 탓만은 아니라고요. 억울함을 풀려고 뒤늦게 달려왔는데, 구석에다 뚝 떨어뜨려 놓다니…. 일단 자리를 바꿔 주세요."

"맞아요, 바꿔 줘요! 바꿔 줘요!"

꾸물이한테서 나온 바이러스들이 아직 안 가고 함께 외치고 있네요.

지금도 미생물들이 슬금슬금 바이러스를 피하는 판에 어디로 자리를 바꾸겠어요. 그런데 단 한 사람, 천 박사님은 달라 보여요.

"아, 이런 절호의 기회를! '바이러스 차단용 보호복'을 챙겨 왔어야

이렇게 생긴 바이러스 차단용 보호복을 입고
바이러스를 연구한답니다.

하는데 매우 안타까워."

어휴, 정말 못 말리는 미생물

사냥꾼이라니까요.

어쨌든 묘한 분위기 속에서 회의는 계속되었어요.

"우리 사스 바이러스는 원래 사람들하고는 상관없어요. 우리는 야생 동물의 몸 안에서 조용히 지냈다고요. 진짜예요."

그런데 중국에서 사람들이 사향 고양이, 오소리, 너구리 같은 야생 동물을 마구 잡고, 먹었다는 거예요. 그 과정에서 바이러스들이 인간에게 옮겨갔으니 사람들 탓이 크다나요.

"뭐, 우리 바이러스가 순식간에 많은 사람에게 퍼져 고통스럽게 한 것은 인정해요."

"하지만 뛰어난 감염력은 바이러스로서 훌륭한 능력 아닌가요?"

독감(인플루엔자) **바이러스**들이 거들고 나섰어요.

"우리도 한 변신술 하죠. 우리가 변신하면 사람들은 대응할 약을 찾느라 허둥대고요."

특히 조류 인플루엔자 바이러스는 야생 조류와 닭, 오리 등 새 종류에서 사는데, 사람에게 옮겨 오면서 대변신을 한다는 거예요.

"사람들은 우리를 막으려고 조류 인플루엔자가 생긴 곳에서 가까이 사는 닭과 오리들을 몽땅 죽이는데, 제발 그러지 않았으면 좋겠어요. 그건 우리 고향을 없애는 거나 마찬가지라고요!"

조류 인플루엔자 바이러스가 툴툴대는 것도 이해하지만, 사람들의 처지도 이해가 되네요. 자신들이 살기 위해서는 조류 인플루엔자 바이러스가 발붙일 곳을 완전히 없애야 하니까요.

"게다가 우린, 75도 이상에서는 맥을 못 춥니다. 사람들이 닭이나 오리 고기를 높은 온도에서 잘 익히면 맛있게 즐길 수 있다고요. 이래도 우리가 너무한 건가요?"

"그래도 위험한 건 위험한 거지 뭐."

혼자 중얼거리는데 뒤통수가 찌릿합니다. 헛! 조류 인플루엔자 바이러스가 째려보고 있어요.

"어쨌든 그건 그렇고요, 광우병은 정말 모르는 일이에요. 우리가 일으킨 병이 아니라고요!"

이 바이러스들이…. 솔직한 미생물들인 줄 알았더니 슬슬 발뺌하려는 걸까요?

"맞습니다. 광우병은 바이러스하고 상관없어요!"

천 박사님이 단호히 말씀하시네요.

"처음엔 사람들도 바이러스를 의심했지요. 하지만 말썽꾸러기 단백질 프리온이 일으켰다는 사실이 밝혀졌어요."

프리온이 일으키는 병에 걸리면, 사람이든 동물이든 상관없이 모두 뇌가 스펀지처럼 숭숭 구멍이 나고, 미친 증세를 보인다는 거예요. 어휴, 정말 무서운 단백질이네요.

그런데 사람들이 프리온 병에 걸린 양의 뼈와 고기를 소의 사료에 넣어 먹였다는 거예요. 당연히 그 사료를 먹은 소는 광우병이 걸렸겠지요. 그 사실을 몰랐는지 또 광우병이 걸린 소를 다른 소에게 먹이기까지 했고 말이에요.

세상에! 초식 동물인 소에게 동족의 고기를 먹였단 말인가요.

"결국 광우병은 인간의 욕심과 이기심이 만든 병이라고 할 수 있지요."

천 박사님은 마치 자신이 잘못한 것처럼 풀죽어 말했어요.

아휴, 박사님! 박사님이 소를 키운 것도 아닌데 뭘 그러세요. 그러고 보니 천 박사님이 왜 미생물 사냥꾼이 되었는지 이제 알겠어요. 미생물을 잘 알아야 미생물들이 일으키는 병과 미생물이 아닌 것이 일으키는 병을 구분해서 잘 막을 수 있으니까요.

천종식 박사님의 **내가 만난 미생물들 ❷**

사람을 돕는 미생물 vs 사람을 해치는 미생물

미생물들이 회의에서 하는 이야기 잘 들었지? 실제로 미생물은 우리 생활에 도움을 주기도 하고 해를 입히기도 해. 그런 미생물에 무엇이 있나 살펴보자.

❶ 사람을 돕는 미생물

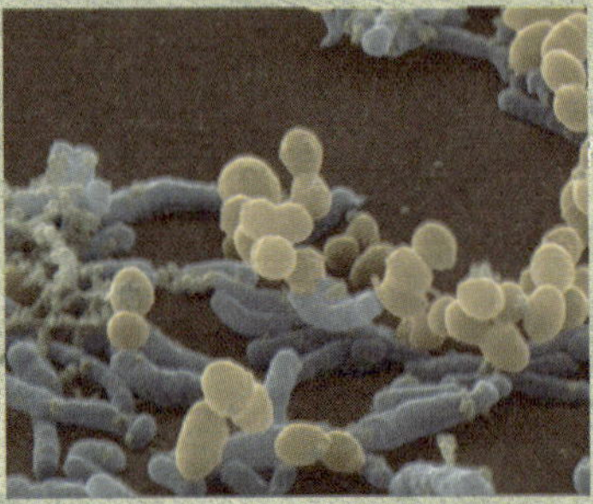

요구르트 유산균

우유 속에 있는 유당을 분해하는 막대 모양의 균이라는 뜻의 미생물이야. 불가리아 지방 사람들이 좋아하는 발효유 제품에서 발견된 유산균이라 하여 '락토바실러스 불가리커스'라는 이름을 갖고 있지. 사진에서 보이는 푸른색 미생물이 바로 요구르트 유산균이야.

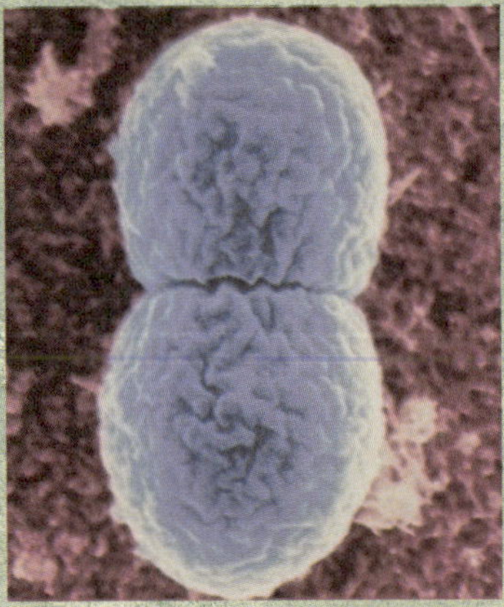

치즈 발효 유산균

서양에서 오래 전부터 먹던 발효 식품인 치즈는 바로 이 락토코커스라는 유산균이 만든 거야. 프랑스에서는 치즈에 추가로 푸른색의 곰팡이를 키워서 먹기도 해.

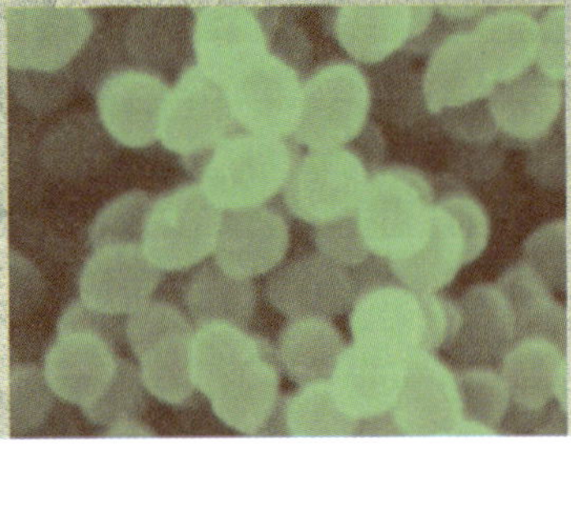

김치아이

잘 익은 김치에는 100% 유산균만 있어. 몸에 해로운 다른 미생물은 모두 유산균이 쫓아냈거든. 우리나라 사람들이 건강하고 날씬한 건 모두 이 김치 유산균 덕분이라고.

푸른곰팡이

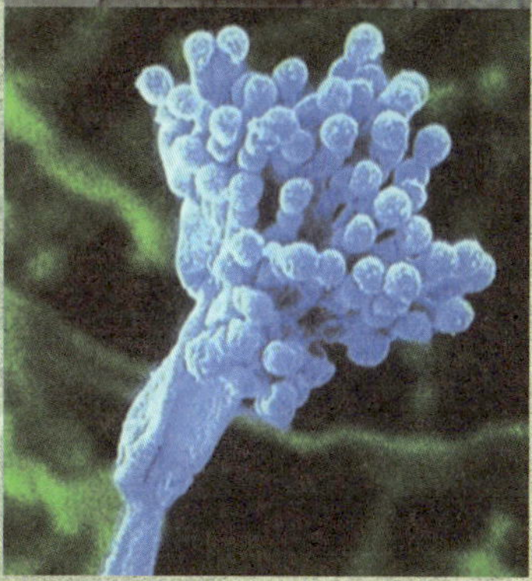

플레밍이 항생제를 발견한 페니실린 곰팡이야. 몸 색깔이 푸른색이라서 푸른곰팡이라고 부르지. 푸른곰팡이 하나하나의 모습은 눈으로 확인할 수 없지만 아주 많이 번식하여 하나로 뭉쳐 있으면 사진으로 보는 곰팡이가 슨 레몬처럼 눈으로 확인할 수 있어. 빵이나 떡처럼 영양분이 많은 음식물에 주로 생기지.

효모

술이나 빵을 만들 때 넣는 미생물이야. 박테리아처럼 동그란 공 모양이지만, 그 크기는 박테리아보다 훨씬 커. 포도 껍질에 붙어사는 것도 있어. 우리가 포도를 먹을 때 껍질에 묻어 있는 하얀 가루가 바로 효모란다.

고초균

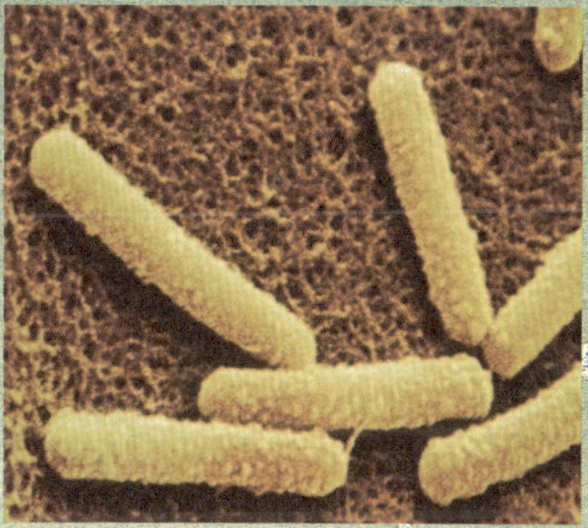

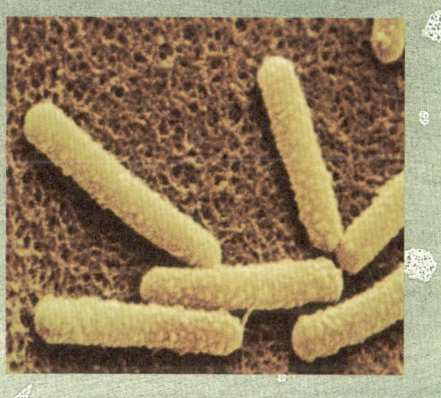

공기, 마른 풀, 하수, 땅속 등 자연에 널리 퍼져 살고 있지만 병을 일으키지는 않는단다. 그래서 콩을 삶아 네모나게 잘 빚은 다음 공기 중에 그냥 놔두기만 해도 맛있는 된장이 만들어지는 거라고.

❷ 사람을 해치는 미생물

패혈증 비브리오

비브리오는 바다에 사는 대표적인 미생물이야. 대부분의 비브리오는 사람에게 해를 끼치지 않지만, 패혈증 비브리오가 사람 몸속에 들어오면, 몸속에 상처가 생기고 심하게 덧나면 죽을 수도 있어. 친척뻘인 콜레라 비브리오도 있는데, 우리나라에는 별로 없지만 인도나 아프리카에서는 설사병으로 매년 십만 명이상의 사람을 해치는 무서운 놈들이라고.

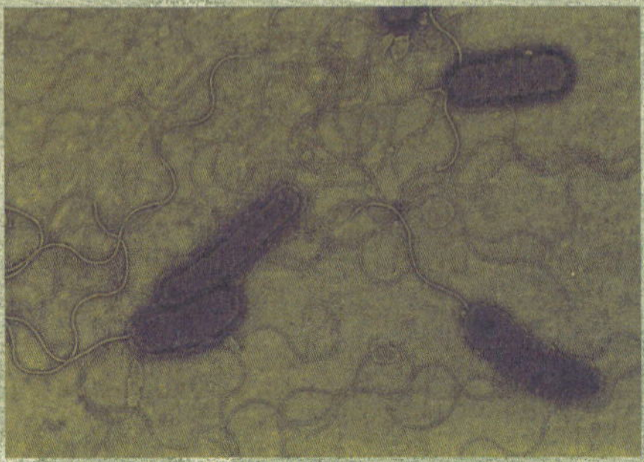

충치 균

박테리아가 제일 좋아하는 물기와 영양분이 풍부한 곳이 바로 우리 입 속이지. 입안에는 많은 종류의 미생물이 사는데, 무탄스 균은 이를 썩게 하는 나쁜 녀석이야. 충치에 안 걸리려면 이를 닦아서 이에 붙어 있는 박테리아를 떼어 내야 돼. 그리고 충치 균이 제일 좋아하는 사탕과 청량음료를 가능하면 적게 먹는 것도 잊지 마.

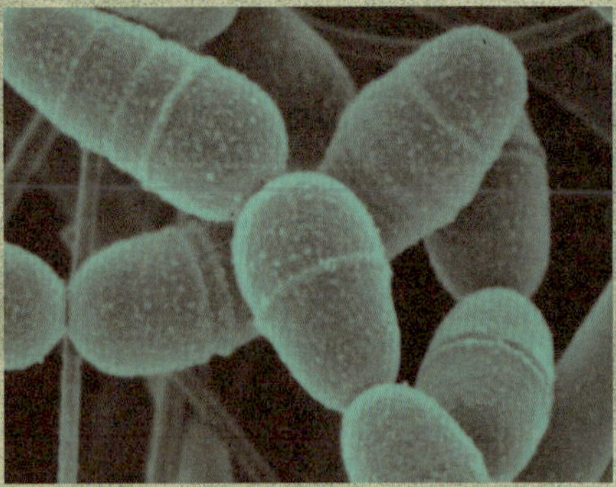

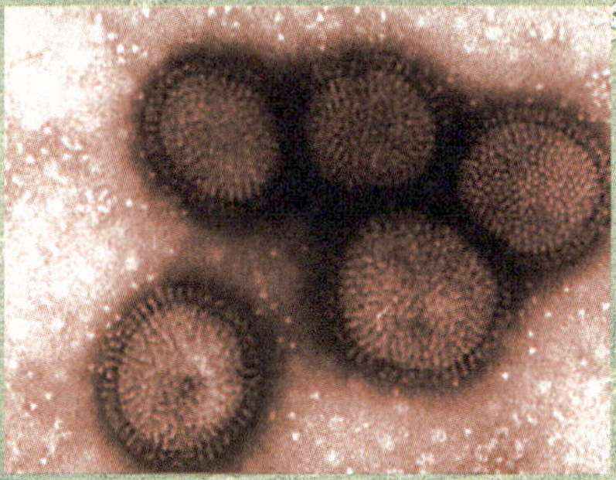

인플루엔자 바이러스

독감을 일으키는 대표적인 바이러스가 인플루엔자야. 기러기 같은 철새 몸에 사는 것을 조류 인플루엔자라고 하고, H1N1 신종 인플루엔자처럼 전 세계를 돌면서 사람에게 병을 일으키는 것을 유행성 인플루엔자라고 부르지. 심지어 바다에 사는 고래도 인플루엔자에 걸린다나. 혹시 고래가 기침하는 거 본 사람 있니?

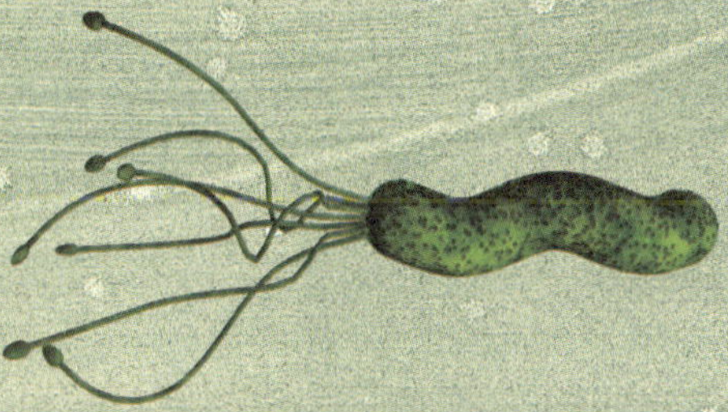

헬리코박터 파일로리

모든 미생물이 살아남지 못한다는 사람의 위 속에서도 거뜬히 살아가지. 주로 위염, 위궤양, 십이지장궤양 등의 질병을 일으킨단다.

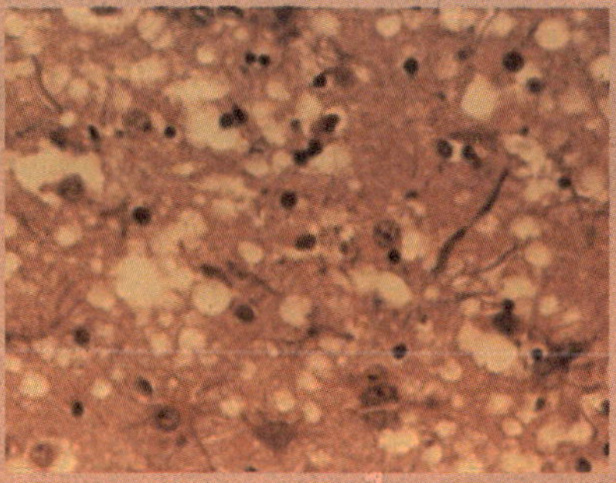

잠깐! 프리온은 미생물이 아니에요

프리온은 생물체가 아니고 단백질로 된 덩어리야. 소에게 일어나는 광우병과 인간에게 일어나는 인간 광우병이 바로 이 단백질 때문에 생기는 거라고. 하지만 우리나라에서는 한 번도 발생한 적이 없으니까 너무 걱정 하지마. 사진은 프리온 때문에 구멍이 송송난 불쌍한 소의 뇌 모습이야.

지구를 살리는 미생물

"그것 봐요! 우리 탓이 아니라니까요."

"그러네요. 모든 게 사람들 탓이야! 사람들이 아예 없는 게 낫겠어요."

"맞아요, 사람들이 없었던 옛날에도 지구는 잘 유지되었다고요."

정말 사람이 없어져야 할까요? 우리 대장균의 80퍼센트가 사람의 대장에서 산단 말이에요. 사람이 없어지면 우리 동족은 어디 가서 살죠?

사람 몸속에 살면서 발전소 역할을 하는 **미토콘드리아**도 난리가 났어요.

"함부로 떠드는 원생생물들! 너희가 생기기도 전에 나는 다른 세균의 몸속에 들어가 살았어. 사람이 생기면서부터 사람 몸속에 들어와 살았고. 이제 와서 나보고 어디로 나가라는 거야!"

"옳소! 옳소!"

사람의 피부며, 내장기관, 각종 세포에 사는 미생물도 들고 일어났어요.

분위기가 점점 험악해지고 있어요.

이때 천 박사님이 자리에서 벌떡 일어나 말씀하셨어요.

“여러분, 제 말을 들어 보세요. 사람과 미생물뿐 아니라 지구의 모든 생명체는 서로 어울려 살아가고 있고, 거기에는 반드시 그럴 만한 이유가 있습니다. 서로 돕고 살아간다는 게 얼마나 아름다운 일입니까?”

“박사님, 말씀이 옳아요. 여러분에게 저와 저의 오랜 친구인 콩 식물의 이야기를 들려주고 싶네요!”

다소곳이 자리를 지키던 뿌리혹박테리아가 일어섰어요.

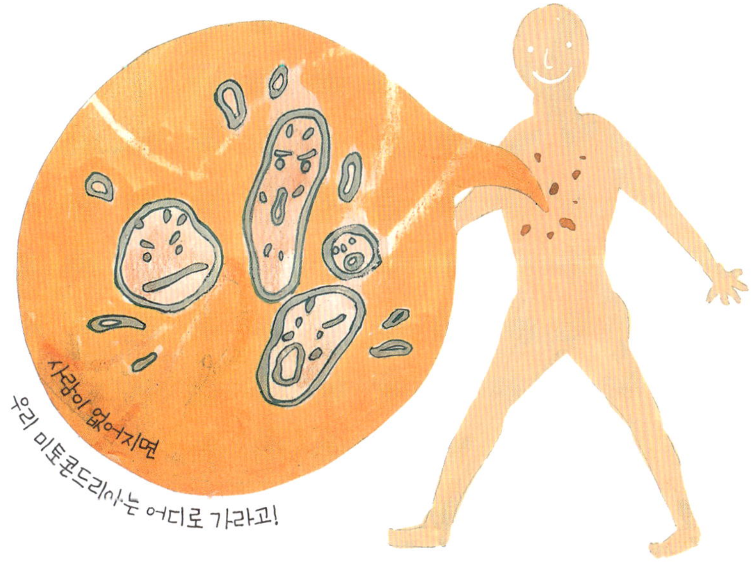

사람이 없어지면
우리 미토콘드리아는 어디로 가라고!

너 없이는 못 살아 공생 관계

쩝쩝,
질소 영양분
맛있다.
우리 덕에 콩 식물이 영양분을 잘 흡수하지.

"원래부터 우리가 같이 산 것은 아니었어요."

그러던 어느 날, 콩 식물 뿌리가 뿌리혹박테리아를 부르더래요.

땅속에 있는 영양분을 빨아들여야 콩이 잘 자랄 텐데 이상하게 질소만은 먹기가 어렵다는 거예요. 마침 질소를 잘 다룰 수 있었던 **뿌리혹박테리아**는 공기 중의 질소를 콩 식물이 먹기 좋게 만들어 주었고, 콩 식물은 다른 영양분과 함께 질소도 먹으며 튼튼하게 자라났지요.

"저에게 고맙다고 질 좋은 양분을 나눠 주지 뭐예요. 지금은 아예 콩 식물 뿌리로 이사 와서 같이 살고 있어요."★

그래서 이름도 뿌리혹박테리아가 되었다는군요.

뿌리혹박테리아의 이야기가 끝나자, 여기저기서 박수가 터져 나왔어요.

미생물일보 취재팀도 뿌리혹박테리아에게 카메라를 들이댔어요. '이달의 따뜻한 이야기' 기사라도 쓸 모양이에요.

"카메라! 여기, 여기도 좀 비춰 줘요. 우리도 아름다운 사연 있어요."

어, 잎꾼개미와 농장곰팡이예요.

"에~! 저는 집 안에서 **농장곰팡이**를 키우는 농사꾼입니다. 나뭇잎과 꽃잎을 턱으로 잘라다 농장곰팡이에게 잘게 부수어 주지요. 그래서 잎꾼개미라 불린답니다. 허허허!"

개미가 농사도 짓느냐고요? 모르는 말씀! 개미는 사람보다 먼저 농사를 짓기 시작했다고요.

"덕분에 우리는 잘 자라서 개미에게 필요한 지방과 탄수화물을 내주지요. 호호호"

같이 사는 것(공생)

종류가 서로 다른 생물이 서로에게 이익을 주며 같은 곳에서 함께 사는 것을 말합니다. 공생 관계에 있는 생물로는 악어와 악어새, 충매화와 곤충, 콩 식물과 뿌리혹박테리아 등이 있습니다.

“농장곰팡이가 개미에게

얻는 것은 무엇입니까?”

“안전한 집과 신선한 먹이죠.

그보다 더 중요한 게 있나요?”

하긴 그거면 최고죠! 우리 미생물은 먹이 부족으로 영양실조에 시달리고 다른 미생물과 생존 경쟁을 해야 살아남아요. 농장곰팡이는 개미와 살며 살기 좋은 환경을 얻는 거예요.

또 개미의 몸에는 **사상균**이라는 박테리아가 살고 있는데 이 사상균은 곰팡이 농장에 나쁜 미생물의 접근을 막는 농약 역할을 톡톡히 하고 있다는 거예요.

“그렇다면 혹시 세 생물은 삼각관계입니까?”

“오우! 정말이에요?”

여기저기서 떠들어 대고, 카메라 플래시가 터졌어요.

“사상균은 잎꾼개미를 위해 일하는 겁니까?

영차 영차, 농장 곰팡이한테 잎을 갖다 주자.

잎꾼개미가 주는 잎사귀는 정말 맛있어!

농장곰팡이를 보호하려는 겁니까?”

저런, 기자의 짓궂은 질문에 사상균이 쩔쩔매고 있네요. 히히!

“저는, 그러니까, 그저 잎꾼개미의 몸에서 나오는 분비물을 먹고 살다 보니, 농장곰팡이도 보호해야 하고…, 그러니까… 어쨌든 저는 잎꾼개미와 농장곰팡이 없이는 못 살아요!”

“하하하, 자자, 그만들 하세요. 어쨌든 셋은 서로 돕는 공생 삼각관계로군요!”

회장님은 이 밖에도 공생하는 미생물들은 얼마든지 있다고 말씀하셨어요.

잎꾼개미 속에 있는
분비물 먹고 농장곰팡이
보호하는 물질을 만들자.

"유칼립투스 나무뿌리에 사는 곰팡이도 식물에 부족한 영양소를 흙으로부터 전달하고 영양이 풍부한 탄수화물을 공급받지요. 소나무 뿌리에 사는 **송이버섯 곰팡이**도 마찬가지고요."

땅에 뿌리를 내리고 사는 식물 10종 중 9종은 미생물과 서로 도우며 살고 있어요. 앞으로 미생물과 공생하는 식물이 더 많이 밝혀지지 않을까요?

물론 동물과 공생하는 미생물도 있어요. 거미와 지렁이의 뱃속에 사는 미생물은 거미와 지렁이로부터 양분을 얻고 그들이 먹기 좋게 먹이를 분해해 준다고 해요. 그러고 보니 내 친척인 부크네라 박테리아도 진딧물과 공생을 하고 있었네요.

부크네라가 진딧물에게 셋방살이를 시작한 건 매우 오래전 일이에요. 진딧물은 양분을 주어 뱃속에서 부크네라를 키우고 부크네라는 진딧물이 먹고 사는 식물즙에 부족한 영양분을 만들어 주죠.

"이제, 진딧물 밖에서 산다는 것은 상상도 할 수 없어!"

언젠가 부크네라가 한 말이 생각나요. 정말 서로 도와야만 살 수 있는 생물이 많았네요.

회장님 말씀이 끝나자 회의장은 감동이 물결 쳤어요. 공생 생물들은 여기저기서 카메라 세례를 받느라 정신이 없고요. 사이좋은 모습은 아무리 봐도 질리지 않는다니까요. 이렇게 모든 생물이 조화롭게 살아가는 것을 괜히 천 박사님을 미워했나 봐요.

천 박사님도 내 마음을 아신 걸까요?

"씩씩한 대장균, 이제 나쁜 감정 풀고 화해하자!"

"그럼요!"

나는 편모로 천 박사님이 내민 손을 덥석 잡으려고 했어요. 그때 회장님이 천 박사님을 불렀어요.

"천 박사님! 마지막으로 인간과 미생물의 미래에 대해 좋은 말씀 좀 해 주십시오."

회장님의 말씀에 천 박사님은 그만 단상으로 올라가 버렸어요.

박사님, 그냥 가시면 어떻게 해요. 제 마음을 전하지도 못했는데요!

미생물이 지구를 살린다 자정 작용

"여러분, 사람들은 여러분의 도움이 절실히 필요합니다. 페니실린처럼 미생물이 만드는 화학 물질로 치료약을 만들려는 연구가 지금도 계속되고 있어요. 미생물이 자신을 보호하려고 만든 무기를 사람들이 빌려 쓰는 셈이지요!"

천 박사님 말씀을 들으니 미생물로 태어난 게 아주 자랑스러운데요. 무엇보다 미생물이 심각한 지구 환경을 구할 수 있다고 해요. 쓰레기와 공장 폐수로 오염된 강과 하천도 미생물이 열심히 분해하면 다시 옛날의 맑은 물로 돌아갈 수 있다니 열심히 노력해야지요. 우리는 식성에 맞는 음식 먹어서 좋고, 지구는 깨끗해지고*, 사람들은 그 환경에서 건강하게 살 수 있다니 모두에게 좋은 일 아니겠어요!

여러분이 많이 쓰는 에너지도 미생물이 만들 수 있답니다. 아케아는

사람들이 질색하는 쓰레기 매립장이나 가축의 배설물도 마다하지 않고 먹어서 난방에 쓸 수 있수 있는 메탄가스로 만들어 에너지로 활용하게 한다고요. 우리 정말 기특하지 않나요?

우리 미생물들이 다시 보이지요?

깨끗해지는 지구(자정 작용)

오염된 자연이 저절로 깨끗해지는 작용을 말합니다. 사실은 저절로 깨끗해지는 것이 아니라 물과 땅 속에 살고 있는 수많은 미생물이 자기 역할을 다해 오염물질을 분해하여 깨끗하게 만드는 것이지요. 하지만 오염이 너무 심각하면 미생물의 힘으로도 깨끗해질 수 없는 상태가 된답니다. 그러니까 최대한 오염을 적게 시키는 방법을 많이 연구하고 실천해야겠어요.

요즘은 미생물 유전자에 사람들이 원하는 유전자를 섞어 새로운 미생물도 만들 수 있다고 하네요. 정말 대단하죠? 하긴 이건 사람들이 연구해서 과학을 발전시킨 덕이긴 하네요. 그래도 미생물이 없으면 안 되는 일이잖아요. 흠흠!

"여러분, 미생물은 무한한 가능성을 가지고 있습니다. 나는 미생물의 가치를 널리 알리고 또 찾는 일에 온 힘을 다할 생각입니다. 여러분도 열심히 활동해 주시길 바랍니다."

"와! 와!"

미생물들이 천 박사님에게 기립 박수를 보냈어요.

"이렇게 회의에 참석해 주시고 우리 미생물의 존재에 대해 높이 평가해 주셔서 고맙습니다. 그럼 안녕히 돌아가세요."

"아, 그게… 회장님! 저도 안녕히 돌아가고 싶긴 한데 어떻게 돌아가지요?"

"어떻게 라니요? 오실 때와 마찬가지 방법으로 돌아가시면 되지요. 하하하!"

짝짝짝
짝짝짝
미생물 여러분이 얼마나 대단한지
사람들에게 알리겠습니다!
좋아요. 우리 미생물이 보이지 않는 곳에서 지구를 열심히 살리겠어요!

천종식 박사님의 **내가 만난 미생물들 ③**

서로 도와 공생하는 미생물

사람이 서로 어울려 살듯이 미생물도 서로 어울려 산단다. 미생물끼리만이 아니라 동물이나 식물과 어울려서 살아가는 미생물이 있어. 이렇게 서로 좋은 것을 주고받으며 살아가는 관계를 공생 관계라고 해. 미생물들이 어떤 식으로 공생하며 살아가는지 알아보자.

미토콘드리아

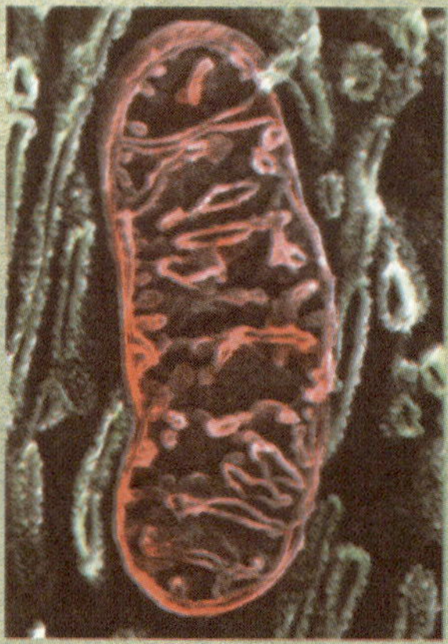

우리 세포 안에 있는 강낭콩 모양의 소기관이야. 우리가 먹은 음식이 소화되면 미토콘드리아가 그것을 우리 몸에 필요한 에너지로 만든단다. 우리가 움직이고 말하고 생각하는 게 미토콘드리아 덕분이지. 그런데 잘 살펴보면 박테리아하고 비슷하게 생겼어. 미토콘드리아는 수억 년 전에는 대장균과 비슷한 박테리아였는데, 우리 세포 속에 들어와서 지금은 같이 살고 있는 거란다. 우리뿐 아니라 모든 동 · 식물, 곰팡이 속에 미토콘드리아들이 공생하고 있어.

뿌리혹박테리아

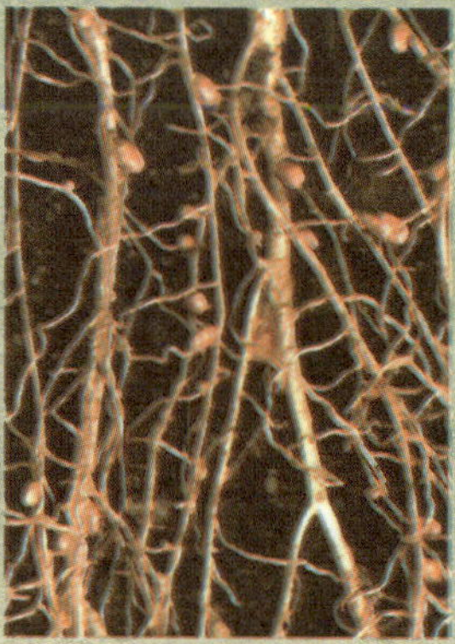

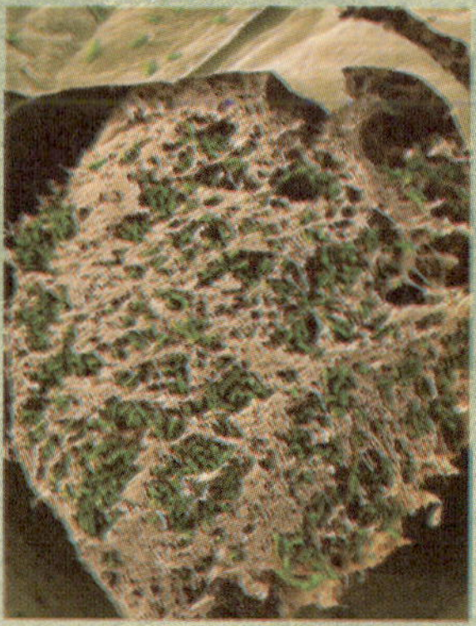

뿌리혹박테리아는 콩 같은 식물의 뿌리에 살면서 질소 영양분을 만들어서 식물에게 전해 주는 역할을 해. 식물은 박테리아에게 필요한 영양분과 사는 집을 제공하고, 둘이 협동하기 때문에 콩은 혼자 사는 다른 식물보다 훨씬 빨리 자랄 수 있는 거란다.

농장곰팡이와 사상균

잎꾼개미는 잎을 잘라다가 곰팡이에게 먹이는 곰팡이 농장을 운영하고 있어. 지구 최초의 농사꾼인 셈이야. 개미는 곰팡이에게 먹을 것과 살 곳을 주고, 곰팡이는 개미가 먹을 맛있는 액체를 만들어 주는 협동을 하는 거지. 가끔 곰팡이 농장을 공격하는 해로운 박테리아가 쳐들어오면, 개미는 목에 있는 주머니에서 사상균이라는 박테리아를 꺼내 농장에 뿌려 준대. 사상균은 항생제를 만들어서 해로운 미생물을 죽이는 거야. 바로 농약인 셈이지.

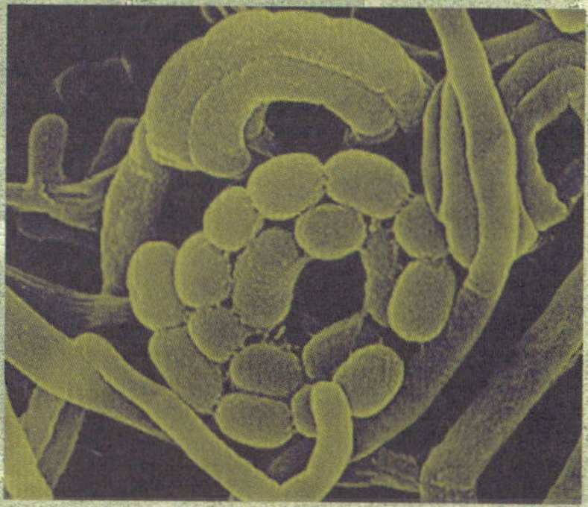

송이버섯 곰팡이

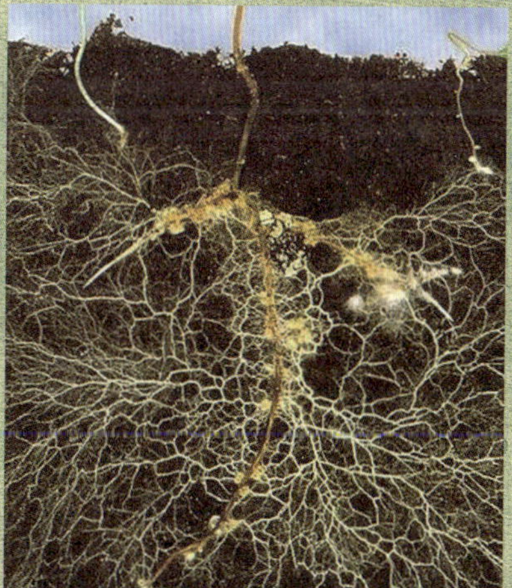

눈에 보이지 않지만 땅속에는 곰팡이들이 실타래처럼 얽혀 있어. 그중 일부는 식물의 뿌리와 협력하지. 이런 곰팡이를 곰팡이로 된 뿌리라는 뜻의 '균근류'라고 부른단다. 곰팡이는 식물의 뿌리가 닿지 않는 먼 곳까지 가서 필요한 영양분을 식물에게 끌어다 주고, 식물은 그 대가로 곰팡이에게 필요한 영양분을 광합성을 해서 만들어 줘. 소나무하고 송이버섯도 이런 공생 관계를 가지고 있어. 송이버섯을 만드는 곰팡이는 소나무 뿌리 옆이 아니면 절대로 버섯을 만들지 않는단다. 이제는 산에서 송이버섯을 찾으려면 어디를 찾아야 하는지 알겠지?

히히, 천 박사님이 아직도 깨어나지 못하신 것 같네요.

충격이 너무 크셨나요? 아직도 현미경 앞에서 졸고 있으시니 말이에요.

쉿, 드디어 천 박사님이 깨어나셨어요.

"얘들아! 빨리빨리!"

아직도 어리벙벙한 천 박사님!

"이게 꿈이야, 생시야! 미생물과 회의를 하다니! 아무래도 내가 요새 너무 연구에 열중한 모양이야!"

피씩 웃으며 현미경 앞으로 다가오십니다. 그런데 그게 과연 꿈이었을까요? 드디어 천 박사님이 현미경을 들여다보시네요!

"아니 이게 뭐야?"

박사님 제 작품 어때요?

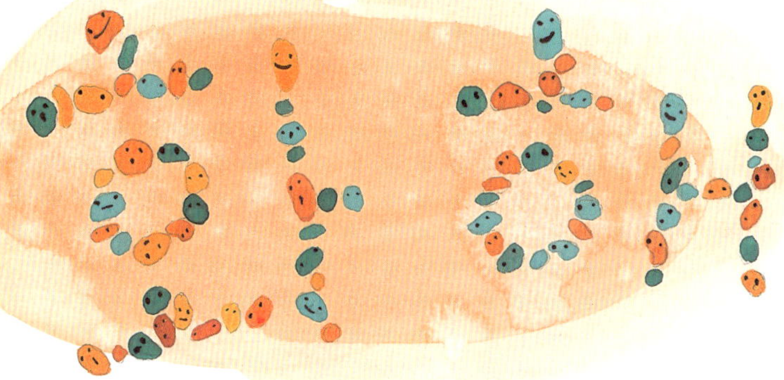

한참 준비했다고요. 꾸물거리는 미생물들 모아 글씨 만드는 게 보통 정성이 드는 게 아니거든요, 헤헤!

"장균아! 정말 고맙다. 다른 미생물들에게도 고맙다고 꼭 전해 주렴."

천 박사님이 감동 받으셨나 봐요. 천 박사님, 안녕히 계세요. 여러분도요! 그렇다고 이별을 너무 슬퍼할 건 없어요. 여러분 주변엔 항상 우리가 득시글거리니까요!

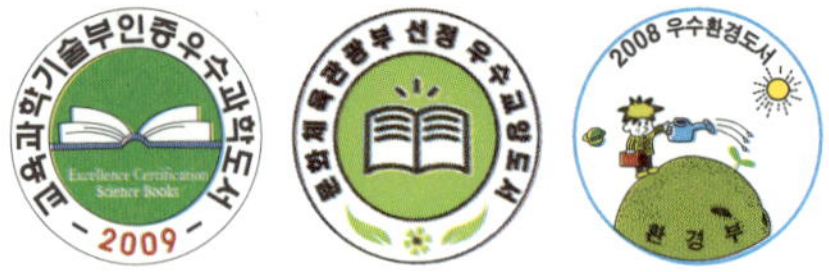

교과부, 문광부, 환경부가 우수도서로 인증한

토토 과학상자 시리즈

우리나라 과학 전문 필자가 우리 어린이의 눈높이에 맞춰 쓴 과학책!
생물 지구과학 물리 화학 등 모든 과학 분야의 기본 원리를 친절하게 알려 줍니다.

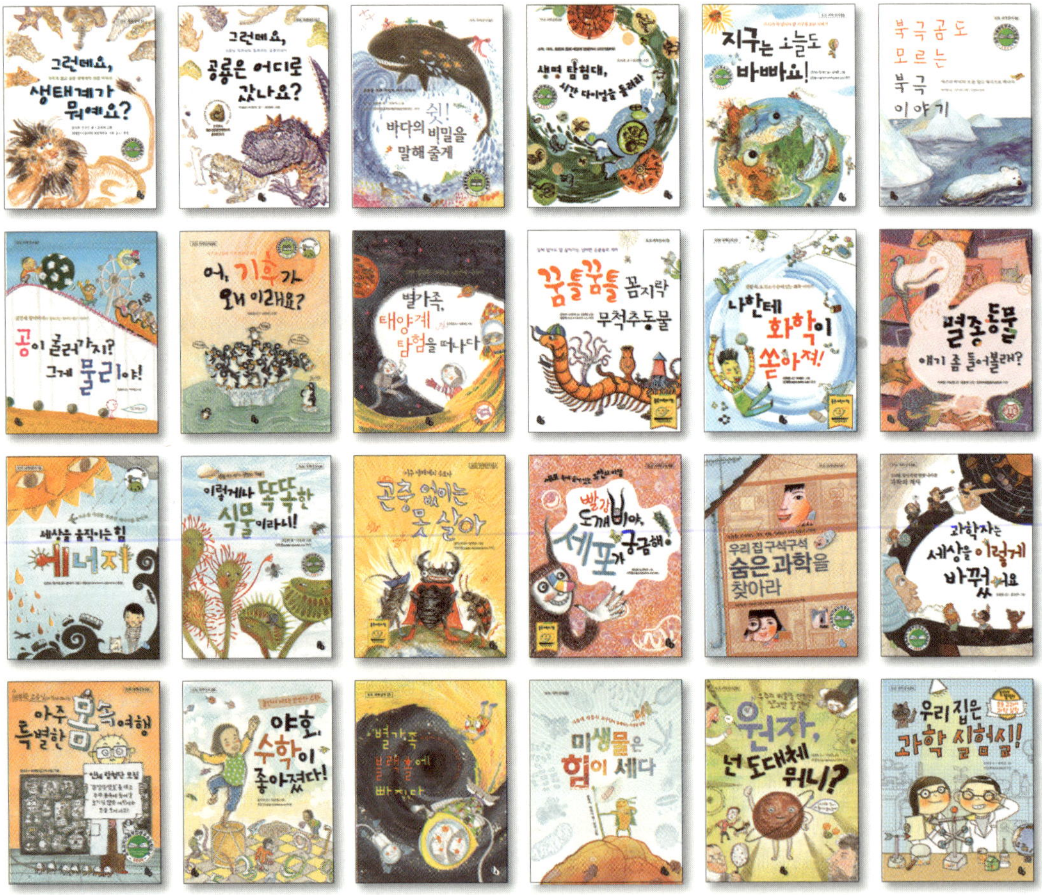

토토북

〈토토 과학상자〉는 24권으로 완간되었습니다.
홈페이지 www.totobook.com에서 과학퀴즈를 풀고 상품을 받으세요.

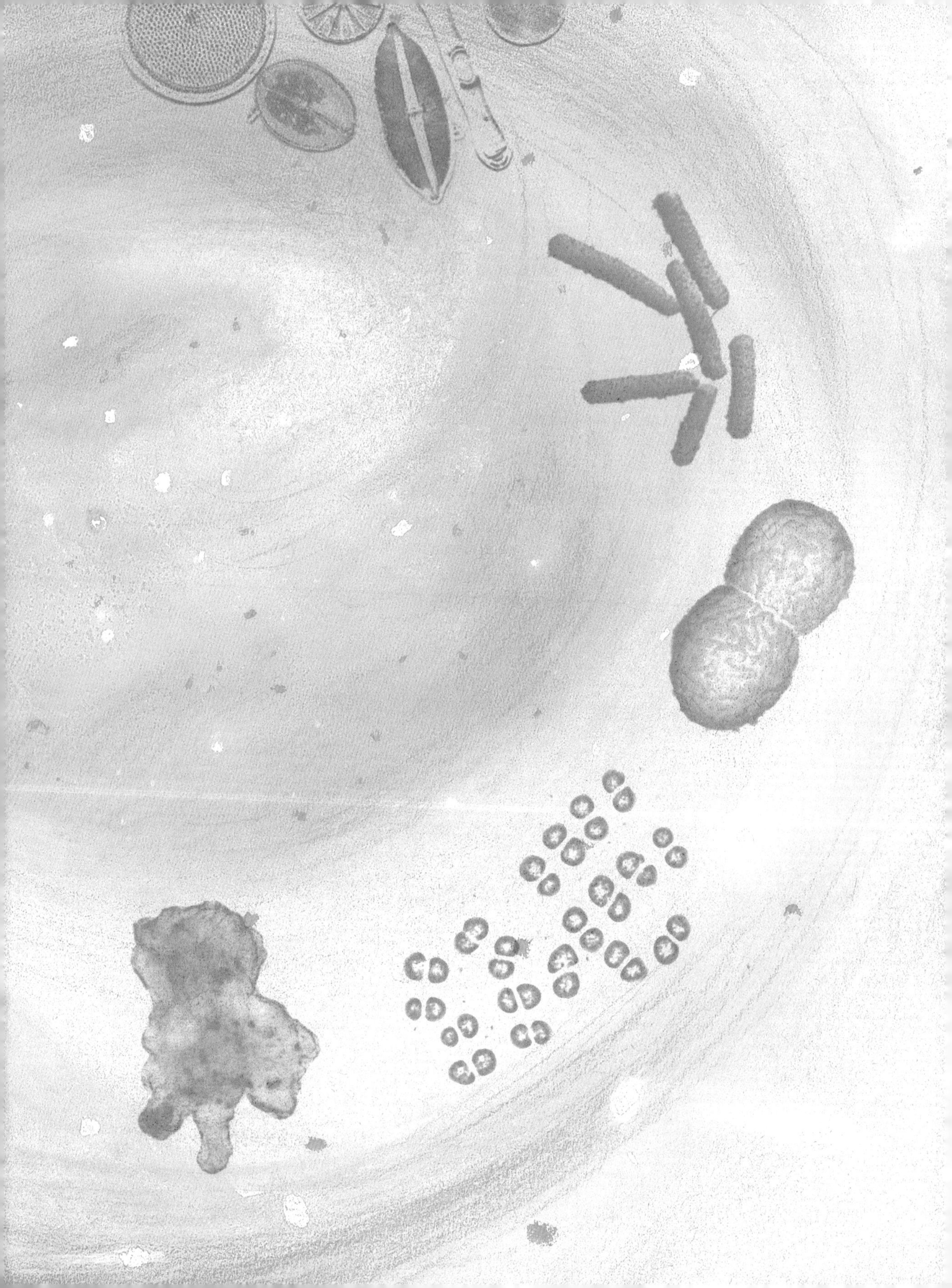